地緣政治中經「疫」求新

解讀科技政策關鍵密碼

沈勤譽 著

目錄

CONTENTS

導論 在變局中逆勢飛行

二〇一六年迄今，世界局勢劇烈動盪，從美中科技戰、疫情蔓延、俄烏戰爭、以哈衝突、通貨膨脹、缺貨缺料，無不牽動著地緣政治與經貿關係的版圖變化，挑戰接踵而至，科技政策的重要度遽升，各國政府除了希望化危機為轉機，更期待掌握先機。

令人欣喜的是，在高度變化的國際情勢中，臺灣如浴火鳳凰般，向世界展現了實力，逆風飛行，優雅且驕傲的揮舞著美麗的翅膀。

強國博奕下的關鍵力量

二〇一六年十一月八日川普贏得美國總統大選，提出「美國優先」的政治主張，為全球經貿秩序帶來巨大衝擊。二〇一八年起美國政府針對中國諸多進口商品加徵關稅，中國也加以反制，開啟美中拉鋸的序幕。

隨後美中雙方的主戰場轉向半導體與科技領域，美國通過「晶片及科學法案」（CHIPS and Science Act），提供租稅優惠及補助，鼓勵各國半導體廠商前往美國投資，藉此壓制中國半導體產業的崛起，限制範圍更從特定公司擴及技術、設備、應用及人才；中國也禁止接受美國補助的半導體廠商在中國投資新廠或擴充產能，使得半導體廠商被迫要在美中之間選邊站，陷入零和遊戲的僵局。

此番角力，泛起的漣漪不僅於此，包括日本、歐盟各國基於地緣政治及國安考量，也相繼推出各種產業在地化政策，一時之間「去全球化」的在地短鏈供應蔚為潮流，「全球化」的遊戲規則儼然被改寫，產業供應鏈面臨快速重整的沈重壓力。

二〇二〇年初 COVID-19 疫情爆發，各國採取嚴格的邊境管制與類封城警戒，不僅改變了民眾的工作、學習與生活方式，也影響了全球的經濟活動與商業運作模式；晶片短缺造成全球半導體產業鏈供應緊張，引發全球「晶片危機」

（global chip shortage），讓全世界視半導體供應鏈為國安議題。臺灣站在全球產業供應鏈的關鍵位置，「矽盾」或「得半導體得天下」的說法成為顯學。

面對強國博奕、合縱連横的複雜賽局，臺灣身處在地緣政治的最前緣，不僅沒有遭到邊緣化，反倒充分掌握關鍵優勢，搶得有利的生機與商機，除了仰賴良好的經濟實力與產業基礎之外，也與這幾年的國家科技發展策略息息相關。

科技政策的脈絡是由每位參與者共同刻劃，新國科會團隊猶如國家科技政策的舵手，透過與各部會間不斷地交流、創新、整合、轉型、布局，讓科技與不同元素產生化學反應，呈現科技所揉合的新樣態。

面對科技瞬息萬變的時代，科技政策不僅指引產業的技術航向，也影響社會公平、永續發展與民主等不同層面，要引領著國家巨輪在未知的海域中前行，需要勇敢且堅定的舵手，更需要創新且當責的團隊，展現對地緣政治和區域經濟競合的宏觀視野與決策能力，在波濤洶湧的航道上乘風破浪、開創新局。

臺灣得以在國際上站穩腳步，絕非一個領導人、一家企業、單一部會所能達成。如同「變形金剛」可以隨時成功變身，完成不同的挑戰，靠的是不同部會的各有所長、同心協力，要達到跨部會、跨領域、跨世代的治理，並實踐科技與人文社會的融合、科技女力、普惠科技等價值，是何等的不容易，唯有參與其中的人能夠深刻體會。

不管是數據治理的力量、科技沙盒機制、創新的補助措施、打破界線的跨域計畫、民間社團的參與、科技外交的突破、人文社會與科技的匯流、女力培育與教育扎根……，本書所記載的故事，在執行團隊的合作下，一一塑造社會共好，寫下臺灣科技發展的里程碑。

走進科技政策的後臺

書寫「科技」這件事並不困難，例如生成式AI的崛起、新太空經濟的商機等，都是媒體緊盯且關注的熱門主題；但過去我們往往只能在政策宣示、或者成果展示的當下，看到最終的「結果」，或是在日常生活中「坐享其成」。至於這些科技政策推動的背景原因、決策程序與討論溝通過程，卻非一般人得以輕易窺見。

於是，我們盡可能約訪關鍵人物，希望更真實且鮮活地還原每一個片段，將重要科技政策的來龍去脈交代清楚。在這本書漸漸成形的過程中，我們彷彿從前臺走到後臺，與這些科技政策決策者及執行者深度對話，重新走過那些充滿挑戰卻又驚喜不斷的旅程。一起探索數位轉型、數據治理、科技帶動百工百業發展等政策實例，並試圖解讀：在科技創新與公共安全之間如何取得平衡？AI的演進如何確保得以利益眾生，而非加劇不平等？跨國界如何攜手合作，共同應對科技挑戰？每個問題都考驗著決策者與執行團隊的趨勢判斷與時機掌握。

本書也期盼以科普的方式，呈現臺灣過去八年來重要科技政策的形成脈絡。不僅獻給參與科技發展的「局內人」，更期許每位關注科技政策「置身局中」的讀者，都能感受到科技的力量與溫暖，因為你我在這場歷程中都不是「局外人」！

歡迎一起同行，讓這片豐饒之地持續繁衍科技創新的蓬勃生機！

圖．達志

01

在不能停止的路上奔馳

前瞻布局快速應變

八年多來，地緣政治和疫情的衝擊，沒有減緩時間的飛逝，反而加速了科技的創新和應用。國家科技政策的推動，猶如駕馭不斷升級的「變形金剛」，必須在不能停止的狀態下穩健前行，同時還要隨時完成「變身」，變得更完善、更強大。

曾任國科會副主委的中研院生物醫學科學研究所所長陳儀莊說道：「吳政忠主委曾說部會像一輛不能停下來的大車，必須邊開邊修理，必須小心謹慎，要有耐心和堅持。」要決定什麼時候催油門，什麼時候踩煞車，什麼時候打方向燈，需要高度的智慧判斷；有時看到一個議題覺得很重要，團隊費盡心力完成計畫的規劃，卻要先按兵不動，「讓子彈飛一下」，等待時機成熟；有時團隊推動時遇到阻力，也要心平氣和，顧及不同單位的難處。「後來回頭看才明白，在政府單位做事需要更多耐心，在國科會，團隊們做了很多改變，但都做得很穩健，讓大家可以接受。」

曾任國科會副主委的臺灣大學物理學系特聘教授林敏聰，認為臺灣社會與科技社群之間需要建立具有共識的戰略圖像和核心價值，而科技政策需要奠立在三層同心圓的架構，最內圈是「核心價值」，逐層向外分別是「基礎研究」及「創新經濟」。

科技研究的學術價值與滿足社會公共利益是「核心價值」的要素，驅動科技解決核心社會問題，要建立技術自主永續發展的「基礎研究」生態，才有可能連結環境、永續、能源等遠程的社經共同發展目標。

林敏聰並以丹麥發展風電為例：丹麥是全球風電的先驅者，早在一九八〇年代就投入資源，主要是希望解決小村莊的在地用電需求，如今已成為風電系統與應用的領航者。其中的關鍵，就在於政策規劃是為了社會需求、解決問題。當核心目標與社會需求逐漸形成為公眾議題，科研技術的前瞻政策已布局先行。

政策的擘劃與推動需要視野與堅持，而牽動未來的科技政策更需要將目光放得更遠。有些議題需要快速上陣，有些議題需要冷靜構思，有些需要從基礎建設紮根，有些需要場域擴展應用，必須掌握超乎尋常的時間維度和視野寬度，才能兼顧短、中、長程的政策目標。

政策布局的時間維度

對於政策布局的時間維度，曾任行政院科技會報辦公室[1]執行秘書的清華大學動力機械工程學系特聘教授葉哲良認為，可以分成三個階段：現在到近期發生的、未來三～五年要發生的，以及十年後。舉例而言，「民生公共物聯網」是三年內必須解決的問題，「無人載具方案（無人機、自動駕駛）」是未來三、五年會發生的，太空計畫則是一個長遠的目標，希望在十年後讓臺灣成為太空強國。

不同產業的變化速度差距很大，例如營建業變化較慢，建築高度突破一倍可能需要二、三十年，但半導體和資訊產業的變化速度很快，技術發展可能每三個月就不一樣。

葉哲良強調，因為變化速度太快，科技領域的政策計畫規劃難度很高，必須要有更長遠的視野，不僅要有足夠的掌握度與清晰度，而且要下定決心大膽投入，一旦錯過就會失去先機。

如果要布局三年後的事情，大概有九十五％的信心度可預測會發生什麼，但如果要看五年後的效益就有很多不確定性，十年後更是難以預測；「解決眼前的問題不難，只要把問題定義好，就看你有沒有本事解決，難的是看十年後的發展，或是從十年後回看到現在的需求或技術。」

前瞻布局——如十年磨一劍

許多科技計畫都是蹲馬步的扎根工作，難能立竿見影，從計畫實施到產出產業效益需要一段時間醞釀，但必須有長期抗戰的決心。

曾擔任科技辦公室執行秘書的臺灣大學電機工程學系及電信工程學研究所教授蔡志宏也認為，推動科技政策不只是靠一股熱情，更需要冷靜沉著的布局和深遠的運籌。

擔任科技政委、國科會主委時，吳政忠常會提醒團隊，要為國際趨勢預先準備，通常在特定議題浮出檯面時，國科會同仁及團隊早已研究了半年以上，因此會有足夠資料作為判斷的基礎。

過去幾年來，包括 AI、資安、淨零減碳、太空等科技議題的重要性與日俱增，有些甚至涉及國安及數位主權。曾任國安會諮委的國立臺灣科技大學資訊工程系特聘教授李漢銘記得，當時的總統蔡英文有天突然要求相關單位在三個月內準備好 AI 國家戰略，結果隔週國科會就提交報告，「因為國科會早在一年前就開始準備了。」

「科技發展都是一代接一代，前期的基本策略布局至關重要，否則國家將為錯誤決策付出沉重代價。」蔡志宏強調，如果沒有 AI 行動計畫的前期布局，現在就無法迎接生成式 AI 的時代；如果 5G 沒有打好基礎，後續難以推進到 6G，更不用說要發展太空經濟，這些策略布局都是環環相扣。

擔任臺灣淨零科技方案推動小組主任的臺大地理環境資源學系教授周素卿強調，科研成果不能只看幾年，必須從未來往回看。如果在國際競爭有十年的關鍵期，那就看科技計畫如何善用這十年的時間，當產業發展到那個階段時，科研成果剛好可以落地實現。

舉例來說，國科會成立「臺灣淨零科技方案推動小組」，目標不在於設定哪一個計畫要實際減碳多少，而是看科研投入後造成的潛在影響，如設定五到十年後的減碳效益，或者裝置容量增加多少等，科研的關鍵績效指標（KPI）或目標與關鍵成果（OKR）往往與經濟的即時效果不同。

周素卿比喻說，大家現在都認可台積電是臺灣的護國神山，但這要歸功於一九八〇年代就開始布局的前瞻規劃，到了一九九〇年代後才看出趨勢與成效；現在布局AI、晶創臺灣方案、淨零科技方案也是同樣的道理，相關投入要等一段時間之後才會發酵，看到效益。

數位建設 奠定轉型基盤

進入數位經濟時代，國家的基礎建設早已跳脫「造橋鋪路」的實體布建思維，數位基礎建設也同等重要，曾任行政院科技會報辦公室執行秘書、現任成功大學副校長郭耀煌，正是關鍵推手之一。

二〇一六年十一月，行政院宣布推出「數位國家・創新經濟發展方案」，又名「DIGI^{+}」，很多人會以為這是因應「Digital」的命名。

事實上，DIGI^{+}的D代表Development（發展堅固基盤），I代表

Innovation（創新數位經濟），G代表Governance（治理智慧國家），另一個I則代表Inclusion（涵容公民社會），至於+則是加值和升級的意思。郭耀煌與科會辦團隊規劃數位國家，提出的這個「題目」，標示著從數位基礎環境、數位創新經濟、落實政府數位治理，到保障數位人權且重視公平數位機會，都是推動的範圍，期待臺灣能透過整體數位國力的提升，從數位浪潮的快速追隨者變成先行者。

「數位國家・創新經濟發展方案」的規畫中，除了傳統的陸、海、空公共建設以外，數位網路也是公共建設不可或缺的一環，包括陸地上的網路、海纜、衛星在內，都是國家廣義的公共建設。因此積極推動相關政策，同時不斷與各部會溝通「數位建設也是公共建設一部份」的觀念。最後形成政策共識：「DIGI+」是「前瞻基礎建設計畫」中「數位建設」的上位計畫，包含「綠數水道鄉」：綠能、數位、水環境、軌道及城鄉這五大建設，投入先進網路建設、民生公共互聯網、海纜、臺灣杉二號TAIWANIA 2超級電腦等數位建設的前瞻布局。

郭耀煌曾在受訪時說明，數位建設跳脫傳統硬體思維，將網路安全、數位文創、智慧城鄉、智慧學習以及科研設施等面向都視為基礎建設；更著眼投資未來，從人工智慧、智慧機器人及物聯網等前瞻應用奠定基礎。而數位經濟涵蓋雲端、大數據、物聯網等應用，以及資訊科技、通訊科技、營運科技等範疇，將融入金融、教育、醫療、製造、農業等不同產業，達成涵蓋產業經營、政府運作、生活型態等面向的全方位數位轉型，讓全民共享數位創新紅利。

5G計畫助力通訊產業升級

全球行動網路大約每十年就會進入一個新的世代，從2G的行動電話普及化，一直到4G的行動寬頻雲端化，多功能的智慧手機現已變成人手一支。

隨著行動通訊產業的演進，臺灣廠商也從零組件、終端設備朝向微型基地臺發展，逐步建立完整的生態系統。蔡志宏評估，面對5G時代的來臨，如果沒有旗艦型的政府計畫，產業技術與能力就難以進一步提升，智慧國家的相關指標也會停滯不前，因此當時在科技會報辦公室擔任執秘時，他與團隊立即針對 5G 產業能量與整備度進行盤點。

他發現，臺灣廠商在進入 5G 時代後，採取與國際接軌的 Open RAN[2] 策略，可完整涵蓋 5G 從用戶端設備、無線接取、微型基地臺到核心網路系統等環節，並可掌握很高的自製率，並積極投入 5G 專網[3]。

二〇一八年十月底，科會辦召集相關部會，召開行政院層級的「5G 應用與產業創新策略（SRB）會議」，整合各方的結論是：基於臺灣在行動通訊、資通訊及半導體等方面擁有堅實基礎，且企業與民眾對創新科技的接受度很高，整體條件非常適合 5G 發展。

後續科技會報辦公室擬定相關計畫，包括核心技術的研發、創新應用、垂直場域，以及相關的人才培育與法規配套。行政院於二〇一九年五月正式核定「臺灣 5G 行動計畫」（二〇一九年至二〇二二年），四年內投入超過兩百億元，以鬆綁、創新、實證、鏈結等策略，打造臺灣為適合 5G 創新運用發展的環境。

「當初在擬定臺灣 5G 行動計畫時，並沒有把握何時可以完成整備與釋照，結果從二〇一九年啟動到二〇二〇年拍賣，僅花了一年時間；也因為 5G 產業生態系到位，使得臺灣產學研都能及早布局 Beyond 5G（後 5G 時代的科技及標準）及下一代的 6G 標準，這個計畫確實扮演了關鍵角色，」環環相扣且及時到位，使得團隊的努力，終有成果。

前瞻網路基礎建設

二〇二〇年五月二十日，吳政忠接任科技部長，他在記者會上宣示未來將著重六大發展方向，其中一項就是要強化網路基礎建設，希望奠定臺灣邁向智慧國家的重要基石。

當時疫情才剛發生幾個月，許多學校實施遠距教學，才發現教育部學術網路 TANet、中華電信的骨幹網路不夠通暢；另一方面，疫情也讓各界關注到通訊韌性的重要性，如果遇到地震、重大災害或戰爭時，才能有備無患。

事實上，早在二〇二〇年初，時任科技政委的吳政忠就找當時的科技會報辦公室組主任蕭景燈討論，要針對二〇二一年開始的第二階段前瞻基礎建設（第三期與第四期）預作準備，蕭景燈與臺灣網路資訊中心（TWNIC）董事暨執行長黃勝雄等多位專家討論後，對於未來的前瞻網路建設有了比較清晰的藍圖。

二〇一九年香港反送中運動，各國政府與全球企業都憂心香港的民主化可能倒退，影響相關的經貿布局；在此同時，美中貿易戰也打得如火如荼。二〇二〇年美國國務院提出「乾淨網路（Clean Networks）」的倡議，希望採用可信任供應商的設備與服務，包含 5G 網路、電信業、應用程式市集、雲端儲存及海底電纜，藉此確保關鍵電信、雲端、數據分析、行動應用程式、物聯網與 5G 技術免受專制政府的不法控制或惡意侵害，由於臺灣被視為重要的民主盟友，美國在台協會（AIT）也特別告知我方這個訊息。

受到美國政策的影響，原本由 Google、臉書（Facebook）與中國業者太平洋光纜數據通訊（Pacific Light Data Communication，PLDC）合資興建的太平洋光纜網路（Pacific Light Cable Network，PLCN），原本要從美國直接連到香港，但美國聯邦傳播委員會（FCC）基於國安考量，決定讓 PLCN 只連到臺灣與菲律賓。

蕭景燈將這些脈絡串聯起來，意識到臺灣可藉由這樣的國際態勢，把重要的網路資源與投資吸引進來，強化本身的海纜樞紐地位，於是有了後來的第二階段「前瞻基礎建設」下的「先進網路計畫」。

他推測，在地緣政治的角力下，美中持續抗衡，跨國海纜通訊需要另一個地方的支持，而臺灣有完整的資料中心供應鏈，且微軟、Google 都願意在臺設立資料中心，確實是個不錯的選項；從臺灣本身的需求來說，現有的海底電纜頻寬已可滿足影音串流、高速資料傳輸等應用，但如果臺灣要扮演國際級「倉庫」，讓跨國公司在臺灣落地，再轉接到新南向國家，就需要更多更大、更穩定可靠的海纜基礎建設。

在科技辦公室作為幕僚的建議下，為了整備相關的配套措施，吳政忠迅速展開了跨部會協調；促使交通部在高鐵沿線整備管路空間以便鋪設光纜、國家通訊傳播委員會（NCC）協助檢視並鬆綁海纜監理法規、經濟部協助處理資料中心所需的用水用電用地事宜、也責成財團法人國網中心在新竹、台中、高雄的數據交換中心也做好因應。

從二〇一八年到二〇二四年，臺灣聯外的國際海纜從十二條增為十四條，國際海纜站則從四座增為五座，分布在臺灣本島北部、南部與離島的金門。

「包括法規、臺灣自己的網路基礎建設、還有服務這些業者的窗口，整個打通了。」蕭景燈也說明，因為臺灣的配套投資都已到位，後續可吸引包括Netflix、亞馬遜（Amazon）這些雲端服務商願意進到臺灣，將臺灣當作主要的內容備援、分散地或轉運站。

二〇二四年六月，亞馬遜宣布將在臺灣設置新的「基礎設施區域」，未來十五年計畫在臺灣投資

前瞻規劃很重要，不管是Beyond 5G（後5G時代的科技及標準）及下一代的6G。
圖．達志

數十億美元，至此包括Google、微軟、亞馬遜等網路巨擘都已在臺灣設立資料中心。蕭景燈強調，這些跨國企業要設置資料中心有很多國家地區可以選擇，臺灣因為海纜與網路基礎建設已經完備，加上生成式AI帶動創新應用的風潮，因此能夠雀屏中選。

資安即國安

過去幾年來，資安議題不僅是國際趨勢也深受政府重視，「資安即國安」為產業發展定調，劃下深具歷史意義的分水嶺，也象徵國家資安政策的推動邁向全新階段。

李漢銘表示，政府對資安議題有正確意識及強烈使命感，當時的總統蔡英文在接待友邦訪問團時，幾乎一定會提及半導體科技和資安合作，這幾年國科會推動的科技外交中，資安合作也都被列為重點合作項目，突顯資安在整體安全戰略上處於關鍵位置。

臺灣對資安的重視，具體體現在組織位階及預算的增加上。李漢銘認為，資安納入國安會架構是一大進展，可快速整合國安會資安辦公室、國安局、刑事警察局、調查局、數位發展部、國防部等單位的資源，在訊息傳遞、分工、公私協力和國際合作上更順暢，而國科會也大幅增加資安預算，並積極推動國際合作計畫。

除了跨部門合作之外，李漢銘感受到最明顯的改變，是公私協力做得愈來愈好。儘管公私協力一直是資安政策的重點工作之一，但過去國安單位較難直接與業界對接，但透過科技辦公室的橋接，促成了政府與業界的緊密合作，不管是高科技資安聯盟、臺灣資安主管聯盟、國際半導體產業協會（SEMI）、半導體資安委員會的成立，都在其中發揮相當活躍的角色。

目前公部門與產業之間已逐步建立良性的信任與配合關係，有些資安事件廠商不希望政府過度介入，就讓產業聯盟或協會自己處理，廠商之間會自己動員、展開合作；但有些事件需要政府積極介入協助，例如需要追查攻擊來源時，國內會由調查局及刑事警察局分工處理，境外則由國安局負責，相關單位就會成為業界最強後盾。

另一方面，國際合作對於資安工作也是重中之重。駭客通常會使用跳板，經由日本或美國等地中繼後再攻擊臺灣，這時就需要請其他國家協助追查中繼站，合作追查攻擊來源。不管是跨國之間、跨國企業分享攻擊模式與情資，都對臺灣防禦網路攻擊有很大的幫助。

李漢銘觀察，資安攻擊已從一般駭客轉為國家型駭客，目的不在勒索金錢而是竊取資料，因此半導體、高科技產業的聯防就日益重要，公私協力可以提供更完善的聯防機制，例如有關單位找到惡意程式樣本，就能提供給其他政府及產業做防護，這方面已經展現可觀的成效。

舉行「資安．智慧．大南方」聯合啟用典禮，呈現政府推動「從六大核心戰略產業來鏈結大南方計畫」的實績。

學研產業界攜手國防科技

近年來，俄烏戰爭與以哈衝突，讓世人見識到全新的戰爭型態，包括無人機、網路攻擊、低軌通訊衛星、社群網路都扮演重要的角色，除了資安議題受到關注外，將科技導入國防、國防應用科技的重要性也與日俱增。

臺灣發展國防科技的濫觴，可追溯到一九八四年，行政院科技政委李國鼎為了推動「國防科技」，支持臺大應力所、清大材料所、交大電子所、成大航太所為重點國防科技研究所，每年核撥研究經費，投入飛彈、聲納、新一代戰機的研發。後來因為決定戰機外購，學界參與國防科技研究計畫到了二〇〇〇年代初期中斷，民間國防應用科技人才也出現斷層。直到二〇一六年蔡英文總統上任，基於整體國家戰略的考量，規劃「國機國造、國艦國造」的國防自主政策，首要之務就是培育國防科技人才，吳政忠想起李國鼎成立重點國防科技研究所的作法，建議善用大學的研發量能。

當時擔任國家實驗研究院院長的吳光鐘，以及當時的科技辦公室副執秘（後來擔任執秘）的沈弘俊，同為臺大應用力學所的教授，被賦予推動國防科技研究計畫的重任。

二〇一八至二〇一九年間，國防部正在擬定「國防產業發展條例」，在吳政忠建議下，第十一條條文列入設立學研機構的法源基礎。據此，行政院科會辦組織國防部、經濟部、科技部（國科會）跨部會平台，以非高機敏性的國防需求，建立「軍轉民、民通軍」的雙向交流管道，促進學研產業界對焦國防應用科技進行研發。

二〇二〇年十二月科技部與國防部共同提出「學研中心[4]」計畫，藉由各頂尖大學的協助，盤點國內科研能量，擘劃技術發展藍圖，同時也積極培養國防科研人才，投入開發先進國防裝備的行列。

在沈弘俊、吳光鐘的推動下，七個「學研中心」終於打破過去各自為政的狀態，籌組成一個有共同目標與主題的團隊。以無人機為例，在臺大機械系教授陳炳煇等人每周進度檢視、跨團隊溝通、每月系統性驗測的努力下，成功在一年內完成四個國防模擬情境。

在推動計畫的第一年，多數師生因為過去很少接觸國防領域，而計畫又屬於系統整合的大型專案，各團隊對於如何將研究與應用串接，剛開始有點找不到著力點。吳政忠從電腦遊戲的模式，鼓勵有意參與計畫的師生，放大想像空間，模擬電腦遊戲的情境，從防衛臺灣的角度思考，挑戰高難度的任務；果不其然，第二年起各團隊透過想像及實作，「玩」出很不一樣的進展，突破紙上談兵的格局，順利將研究成果轉化到國防系統應用。

參與美國癌症登月計畫

臺灣有很多隱形冠軍，也有很多享譽國際的研究學者。曾任中研院化學所所長、現為中研院化學研究所特聘研究員陳玉如，是代表性人物之一。

二〇一六年一月，時任美國總統歐巴馬宣布「癌症登月計畫[5]」（Cancer Moonshot），臺灣為「癌症登月計畫」十三個國家中的其中一員。原本的美國臨床蛋白基因體學腫瘤分析聯盟（CPTAC）計畫升級，與我方的合作項目也擴展到蛋白基因體研究。陳玉如解釋，這項跨國合作計畫的意義在於，臺灣的癌症病患被納入全球性的癌症在地化研究範圍。

能夠參與「癌症登月計畫」是一種莫大的肯定，但問題來了：美國的資金只用於境內的研究，其他各國的在地化研究需自籌經費。為了籌措經費，在前中研院副院長，當時的副總統陳建仁建議下，陳玉如前往行政院拜會科技政委吳政忠。經過兩次的報告，吳政忠表示他「聽懂了」——但他也提醒陳玉如：「這項計畫不僅是為了發表論文而已，更重要的是促進臺灣生醫產業的發展和改善病人福祉。」

二〇一七年初，在科技會報辦公室的統籌下，陳玉如帶領的「癌症登月計畫」被納入「生醫產業創新推動方案」，二〇一八年「癌症登月計畫」也正式啟動，目前已在執行第二期計畫（二〇二二至二〇二五年）。這不僅是全世界第一個完整剖析東亞肺癌的研究，也成功揭露癌症早期出現的類晚期分子特徵，研究論文成果榮登二〇二〇年七月出版的頂尖期刊《細胞》（Cell）[6]封面。陳玉如因此受邀參加亞洲與歐洲肺癌國際會議的開幕大會演講，大幅提高了臺灣肺癌研究的國際知名度。

快速應變——兩週決策

「可信任人工智慧對話引擎」（Trustworthy AI Dialog Engine, TAIDE）發展先期計畫，多數人只看到一年後百花齊放的 TAIDE 應用成果，但很少人知道，決策是在短短兩個禮拜就敲定。

政府於二〇一八年起推動四年期的「臺灣 AI 行動計畫」（二〇一八年至二〇二一年），全面啟動產業 AI 化。計畫中打造「臺灣杉二號」（Taiwania 2），期待以鬆綁、開放及投資的精神，聚集產官學研界投入前瞻與應用研發的行列。

二〇二二年底，OpenAI 推出的生成式 AI 聊天機器人 ChatGPT 震撼業界，團隊多位專家心急如焚，紛紛向吳政忠報告，他充分意識到這個議題的重要性，不僅攸關生成式 AI 在不同行業的應用商機，更涉及文化主體性的國安議題。

基於臺灣資通訊產業的基礎及「臺灣 AI 行動計畫」推動下，過去四、五年學研界也累積了一些能量，面對生成式 AI 的「突起」，從一月底到二月中，短短兩個禮拜內，吳政忠分析評估後，快速拍板敲定，希望協同國內最頂尖的團隊，訓練出具有臺灣文化和價值觀的 TAIDE。

之後，吳政忠到英國、美國考察時，發現各國都在爭搶生成式 AI 的主導權，甚至提高到總統層級，美國、中國、英國與日本還舉辦了生成式 AI 高峰論壇，因此更加確認推動這項計畫的急迫性。「看到這個趨勢，我就知道我們做對了，要趕快有結果。」吳政忠坦言，開始時並不確定能做到什麼程度，但團隊將士用命，僅僅兩億元預算，結合學術團隊與民間企業的力量，按照進度完成任務。

從這次經驗，吳政忠分享他的心得是：創新沒有前例可循，要勇敢出發，也要有接受失敗的勇氣，計畫完成固然可喜，更重要的是這一年培育出不少 AI 人才，累積取得資料、訓練模型、處理智慧財產權等諸多經驗，這些將是未來臺灣發展生成式 AI 的寶貴資產。

橫向整合相互加乘

國家實驗研究院（簡稱國研院）副院長林博文認為，TAIDE 計畫及許多政策得以順利推行，與決策者的思維與團隊的能力具備橫向整合及快速反應的優勢密不可分。

另一方面，國科會的組織架構能快速推動重要事項，各單位可直接接觸政委／主委，確認任務的內涵，相關建議經過領域專家的評論後，就有機會快速被採納。

舉例而言，面對生成式AI這樣的新技術，如果按照傳統流程，從建議、討論到形成政策，再到立法、預算分配等程序走完，可能要耗時兩到三年；但這件事必須要快速回應，例如國網中心要投入資金購買算力，先進行小規模研議與測試，如果效果合乎預期就可立即推動，「這種靈活彈性對瞬息萬變的科技發展至關重要。」林博文強調。

國研院隸屬國科會，扮演支援學術研發平台與促進新創產業的角色，提供跨領域技術整合及全方位的研發合作服務，設置的七個中心[7]，也將橫向整合相互加乘效果的特性，發揮得淋漓盡致。

林博文與國外智庫交流時，對方經常表示他們很羨慕國研院的運作模式，「因為我們參與從規劃到執行推動的全過程，在決策支援時，可以提供以實證為基礎的論點，比起單憑個人知識和經驗更為可靠；相較而言，其他國家常有關起門來自說自話的問題，不像我們能提供更理性、更有信心的決策基礎。」

這樣的橫向整合效益，也在動物中心的轉型過程中發揮作用。

動物中心過去主要提供生物醫學研究與生技藥品測試所需的動物試驗資源，但在動物保護聲浪之下，全球都在朝向非動物性替代方法轉型，動物中心也積極投入生物晶片領域，將器官功能放在晶片上進行測試，藉此兼顧科學應用與動物福祉。

為了落實動物實驗的三R原則——取代（Replacement）、減量（Reduction）、精緻化（Refinement），國科會（科技部）在二〇二一年八月成立「三R推動辦公室」，後來轉型為「臺灣動物實驗三R跨部會協調平台」，整合中研院、國科會、農委會、衛福部、環保署、教育部、經濟部之量能，串接研發、方法驗證、法規調適及商品化，擴大推動動物實驗替代方法。

動物中心的轉型體現了前瞻思維和跨領域合作理念，進一步發揮多中心整合的優勢。國研院轄下的半導體中心、動物中心與儀科中心，結合各自在半導體製程、生物與微流道[8]研究的專業，在替代動物實驗和精準健康領域走出差異化路線，譬如在個人化醫療方面，就可透過生物晶片進行藥物篩選和檢測。

林博文認為，這種組合放眼世界都相當罕見，國外只能購買標準品，無法自己設計，但臺灣在生醫和半導體兩個領域都很強，結合起來可以開創出生醫研究的新藍海，這也是半導體與百工百業結合的例子。

從資訊服務到智庫 科政中心與時俱進

國研院旗下的科技政策研究與資訊中心（以下簡稱科政中心），從一九七四年成立迄今已有半個世紀，從最早期的科技資訊服務單位，持續與時俱進，如今已肩負起「國家級科技智庫」的重要角色。

林博文表示，科政中心的前身是「科資中心」，主要任務是將國外科技資訊轉譯、傳遞給國內產學研界。隨著網路與資料庫的發達，角色與功能日益弱化，但也因為這樣的歷史背景，科政中心在科技資訊的取得、典藏、分析、整理，以及與圖書館和學界的合作方面發揮積極的作用。

隨著任務的演變，科政中心現已成為支持國家科技施政推動的核心單位之一。在科技計畫的參與中，從最初只是留存記錄，到現在協助各部會提案，甚至參與科技政策規劃，涵蓋提案、審查、管考及成果存放等環節，科政中心演變為政府科技計畫執行流程中至關重要的智庫。

十多年前，科政中心也開始被賦予更多的任務：協助審視長期、前瞻的科技發展領域，在重要的科技會議上；例如科技顧問會議、全國科技會議，需要掌握世界最新科技發展趨勢、盤點國內現況、整理出當前最緊迫的議題，擔當智庫協助專家學者擘劃台灣的科技政策。為重大計畫設立專案辦公室，包括淨零科技、晶創計畫等，都由科政中心提供行政和研究支持，讓專家團隊監督專案執行。

此外，科政中心還協助學界研發成果產業化，鼓勵新創，包括SPARK TAIWAN臺灣生醫與醫材轉譯加值人才培訓計畫、FITI創新創業激勵計畫在內，希望活絡學研創新創業生態系。

發揮小而美的力量

臺灣一年的科技預算只有一千五百多億元，不像美國或中國可以大規模撒錢，吳政忠認為，最重要的是要準確把握切入的時機，該進入的領域就要迅速行動。

周素卿坦言，與先進國家相比，臺灣科研投入的人力和資本都只有百分之一左右，我們沒有太多條件，只能在有限資源下選擇關鍵項目優先投入。因此，臺灣對資源的開發和運用，要跳脫單一面向的考量，採用整合性和複合性思考，如果能學習臺灣企業快速串接上下游、系統整合的複合式操作方式，就能展現更強大的競爭力。

在這樣的背景下，科技政策的制定者，必須充分了解發展趨勢和社會機制，為產業搭建舞臺，以期發揮臺灣最有利的強項。

「小國在做科技策略規劃時要務實，不能單線，要多元投資，更要避免基本教義派式的堅持。」周素卿強調：「臺灣要靠策略，策略走對了，小兵也能立大功！」

速度快與慢、時間長與短之間的拿捏，都在掌舵者的手上。吳政忠經常告訴國科會團隊，科技發展一日千里，不可能一開始就想得清楚，只要方向看得更遠，大方向沒錯即可，小錯都可以修正；關鍵是——「現在不做的話一定沒機會贏，只能先跑先贏，接著再邊做邊修。」這就是他的行動哲學。

國科會學門召集人齊聚，跨域合作促成二〇三五科技願景。

1 行政院科技會報辦公室為行政院常設性任務編組，主要任務為統籌規劃國家科技發展政策、資源分配、重大計畫審議與管考及籌辦重大科技策略會議。行政院為整合跨部會科技發展事務，協調推動全國整體科技發展，於二〇一二年一月一日正式成立院級「行政院科技會報」，由行政院院長擔任召集人、科技政務委員及科技部部長擔任副召集人，決議國家科技發展推動方向及科技預算的統籌分配。二〇二二年八月因應組織改組，改設為國家科學及技術委員會科技辦公室，受行政院政務委員（兼任國科會主委）之指揮督導，為科技政務委員政策幕僚。辦公室任務如下：（一）國家中長程科技發展政策。（二）整體科技資源統籌分配之規劃。（三）整合協調跨部會重大政策方案。（四）籌辦重大科技策略會議。（五）科技發展趨勢蒐與研析。（六）科技決策支援與管理。二〇一六年五月起由郭耀煌教授擔任執行秘書，其後歷任執秘為蔡志宏教授、葉哲良教授、沈弘俊教授、楊佳玲教授（現任）。科技辦公室在科技政策的擘畫推動上襄助科技政委，扮演不可或缺的角色。

2 OPEN RAN是一種新網路架構形式，全稱為開放式虛擬化無線存取網路，系統架設在雲端，電信運營商可用自行購買的白牌伺服器、交換器、小型基地臺，重新布建行動通訊架構。

3 5G專網有別於一般開放性的公用行動網路，是一種封閉式的專屬行動網路型態，提供企業或組織機構於特定區域內專用，無需共享網路資源且免受外界干擾，更可針對企業不同場域應用需求，量身打造適合的5G專網。常見的應用包括智慧工廠、智慧醫院，或者臨時性的智慧救災場域等。

4 學研中心七大重點領域，資電通訊與智慧化科技、關鍵系統分析與整合、前瞻感測與精密製造研究、尖端動力系統與飛行載具、先進系統工程研究、先進船艦及水下載具、先進材料與力學分析研究，讓學研中心擔任國防科研領域之智庫，並鏈結中山科學院等需求單位。

5 「癌症登月計畫」（Cancer Moonshot）是二〇一六年當時歐巴馬總統任內擔任副總統的拜登所成立，緣起是預估未來二十年間，全球最重要的疾病就是癌症。如果面對癌症也能像其他慢性病一樣，用好的方法檢測、預防並且治療，那麼對於人類的健康永續必能大大提升。只是眾所周知，對付癌症相當困難，難度如同當年登月，這也是取名為癌症登月計畫的由來。

6 《細胞》（Cell）為一份同行評審科學期刊，主要發表生命科學領域中的最新研究發現。《細胞》刊登過許多重大的生命科學研究進展，與《自然》（Nature）和《科學》（Science）並列，是全世界最權威的學術雜誌之一。

7 國研院設有七個國家實驗研究中心，包括國家實驗動物中心、國家地震工程研究中心、國家高速網路與計算中心、臺灣半導體研究中心、臺灣儀器科技研究中心、科技政策研究與資訊中心、臺灣海洋科技研究中心。

8 微流道可以指涉及透過極窄通道移動極少量液體（從數十個到數百個微米寬）的科學技術。從製藥到食品科學，在各種領域中，微流道裝置不僅對運輸非常有用，對這些液體的分析也極為有用。透過裝置對液體的移動可以是被動式（例如，由於毛細管壓力或帶電荷表面驅動了帶電荷的液體）或主動式（透過使用機械幫浦）。

圖．達志

02

攜手開創新局

推動政策的創新作法

吳政忠坦言，二〇一六年，初任科技政委時，對於國家的科技產業發展感到憂心，時時思考著未來的政策方向。接到「五加二創新產業計畫」的任務時，他認為應該沒有所謂的「創新產業」，而是每個產業都要創新—因此改成「五加二產業創新計畫[1]」—這個計畫的目標，就是將五加二產業串聯高科技產業聚落。

當時擔任吳政忠辦公室幕僚的林品安畫了一個架構圖，原始概念是一架飛機代表數位科技，骨幹上拉動很多氣球代表產業創新。後來意象轉變為數位沃土上長出很多產業創新的花朵——那時的科技藍圖，就是希望將臺灣在數位科技的強項，能夠融合進入各行各業。五加二正是各行各業的象徵。

吳政忠要求團隊善用跨域思維，這也落實在後來推動的 Bio-ICT 戰略—結合生醫與資通訊產業[註1]。

曾任科技辦公室生衛醫農組組主任的劉祖惠說明，國科會推動的包括支持法規認證與輔導兼具的智慧醫材辦公室、導引 IC 產業與醫院合作的「臺灣特定疾病臨床試驗合作聯盟」與「智慧醫療產學聯盟」、結合生成式 AI 加上晶片以協助生醫與新農業發展的「晶創計畫」等，都體現了異質產業整合的核心概念，而這也一直是吳政忠構思科技政策的主軸。將規模較小或較保守的傳統產業，與臺灣已發展成熟的大型強項產業結合，一方面讓強項產業有新的擴展，另一方面帶動傳統產業成長。

幫助真正需要幫助的企業

中華民國無任所大使陳正然從科技生態系統的角度觀察，過往科技政策推動比較偏向單一計畫，新國科會更朝向整體政策目標的規劃與管控，著重科技生態系統的平衡發展，其中有「樹冠層」[註2]的大廠，中小企業也能各占其利基之地，共同組成一個健康的生態體系。部分政策措施就可以透過「母雞帶小雞」的方式，讓上下游業者、不同產業之間達到互助共榮。

註1：電子資通訊科技（ICT）產業，跨領域整合生物醫學（Bio），所形成的Bio ICT產業。

註2：樹冠層是絕大部分較大樹種所在的層，通常高度為三十公尺（九十八英尺）到四十五公尺（一百四十八英尺）。在由相鄰的樹冠樹葉相連而成的林冠中，物種多樣性最高。據部分估計，五十%的樹種在這一層中，這樣可能地球上一般的生命都能在這層找到。附生植物連接樹幹和樹枝，從雨水和寄主植物上的沉積物中獲得水和礦物質。樹冠層的動物種類同露生層類似，但是有更多多樣性。四分之一的昆蟲被認為生長在雨林林冠中。

以數位轉型為例，常看到規模不同的企業因資源落差而產生的數位化差距。國科會科技辦公室執行秘書楊佳玲表示，有些公司有能力自行數位轉型，但許多中小企業缺乏資源，政府理應協助這些衝擊最嚴重、最有需求的對象。

二〇二〇年，科會辦協調經濟部、農委會、科技部（國科會）、衛福部、客委會、原民會，共同推動「雲世代產業數位轉型」計畫，擬定了「助上雲、顧人才、拚轉型」三大策略，期望幫助中小企業將數位技術與數據納入企業策略發展與日常營運中，加速達成數位轉型的目標。

輔導名單中，執行團隊列出臺南在地老牌食品行，吳政忠看到後表示：我是臺南人，那是一家經營五、六十年且傳了三代的老店，絕對有能力進行數位轉型；「你們不應該只找那些規模大、賺錢甚至連鎖企業，而是要找阿嬤顧店的傳統雜貨店，或是夜市賣豆花、打香腸的小攤子，協助它們導入數位科技，這樣才有意義。」

吳政忠認為，政府要做的不是錦上添花，而是要帶動那些真正需要的商家，踏出轉型的第一步。

楊佳玲舉例說，傳統工具機產業面臨挑戰，政府就利用臺灣的資通訊與半導體技術協助它們轉型，生產高單價、智慧化的產品；如果資通訊業者缺乏足夠動機幫助傳統企業，政府就提供適當誘因與資源，整合資通訊業者、傳統企業和學界的力量，促進全產業發展。

從想像到數據的治理模式

傳統補助方式是個別企業補助，較欠缺規模化的能力，受惠的企業侷限，且經費核撥方式也很固定，因此擔任國科會科技辦公室副執行秘書時，葉哲良與團隊在推動「雲世代產業數位轉型」計畫，一直苦思有沒有創新的模式。

有次臺大社會系特聘教授陳東升在計畫審查會議中提問：中小企業數量這麼多，大家都要做數位轉型，政府如何在最短時間內達到最大的滲透率？葉哲良將這個問題牢記在心，此後在推動計畫時，就將滲透率列為最重要的指標。

葉哲良評估，傳統補貼方式效果有限，如果要發揮「聚沙成塔」的效益，最好採用市場經濟學，讓十％的主流市場自發運作，去拉動整個過程；政府只扮演催化劑的角色，給予適當刺激，而非強行介入。

之所以將十%訂為目標，是因為科技發展的創新循環，幾乎都遵循著S曲線。任何新技術進入市場，一開始只有萬分之一不到的前驅者接受，第二關挑戰是接著千分之二的先鋒者開始試用，再來才是十%的主流群眾採用，使用者數目跨過這關卡後，就由市場供需決定未來發展。

葉哲良強調，政府的作用力最大約落在十%那個位置，其餘應由市場自由發展，過度操作反而浪費資源。第一個目標是達到十%的滲透率，第二個目標則是縮減城鄉差距，大型企業要負責更多四、五級鄉村地區的推廣，滲透率約為一般地區的五倍，才能讓城市與鄉村同步成長。

葉哲良為此設計了不同以往的資金流動機制，同步「推供給、拉需求」（tech push & demand pull），希望驅動市場產生更大的動力。「臺灣雲市集」這個服務平臺應運而生。

傳統的作法是直接「補助採購」，新的作法是「補助使用」。數位轉型依靠的是數據，中小企業使用後才會產生數據；補助款會依照中小微企業的使用狀況支付給資訊服務供應商，同時中小企業只需支付部分費用即可獲得服務。中小企業的數位服務轉型，幾乎都是採用雲端服務，「以租代購」是國際主流，「補助使用」模式較能切合市場實際運作。

這種模式產生了微妙的效果，一方面中小企業必須真正使用服務，達到用戶數、流量、參與人數等特定指標，一方面服務供應商有足夠誘因拓展市場，可藉此累積用戶基礎，在臺灣建立商業模式後，進一步將業務擴展到海外市場（如：餐飲服務類肚肚、iChef 的雲端 POS），建立中小企業雙贏的模式。

當時葉哲良鼓勵專案辦公室的執行單位採用線上系統進行申請補助、身分認證、驗收核銷以及效益分析。以往傳統的人工、紙本作業的申請模式，在十萬家小微企業的基礎上，估計將費時數百萬小時作業時間，遠遠超過現有官方單位能辦理的能量。因此，走向雲端、跨資料庫比對、智能化、AI 等整合服務模式是必要的。同時為強化申請業主的客戶服務體驗，也將線上補助申請時間設為十分鐘，不再採用紙本作業。

在程序上，公司與負責人的身分認證，採取對接財政、工商登記的數據資料庫，透過該資料庫確認身分是否屬實。而在稽核、驗收模式上，也邀請國內外五家雲端服務供應商（CSP），在會議中共商可行方式；將消費者在訂閱或使用服務時下單的資訊流與金流進行比對，降低作弊的機率。

這裡有個小插曲，其實會議前還沒有任何可行的雲端稽核方案，但葉哲良覺得三大雲端外商人才濟濟，一定有解決方案，因為所有的軟體服務（SaaS），都使用三大雲端外商的基礎架構服務（IaaS）、平臺服務（PaaS），所以會議一開始，葉哲良就請三大雲端外商協助辦理稽核。當時所有與會的平臺業者都反對，認為這麼做會違背平臺客戶間的契約關係。但平臺業者希望「臺灣雲市集」能夠持續進行，期待計畫方案創造的擴散效應，帶動整個臺灣雲平臺的資料使用量起飛。就在會議中場休息時間，與會的天才們，就設計出雲端稽核的替代方案。這也是政策執行結合民間企業的借力使力！

透過雲端服務，政府在補助方案的服務費百分率占比才能合理化。像是UberEats、FoodPanda 收取的服務管理費用約為三成，全聯的商品上架費率為二成；相較之下，一般政府補助方案的管理服務費率約在十五％～二十％間，而臺灣雲市集的管理服務費可以降到九%以下，如此一來，可以讓更多的經費運用到小微企業身上。

「這就是數據的力量！」葉哲良強調，現在如果要掌握全臺補助廠商的分布狀況或成長狀況，系統可以快速產生統計數據，「這才是政府的數據治理模式，可以真正評估政策效果，而不再是靠想像。」

為了了解高科技產業人力缺口的狀況，葉哲良特別前往拜訪國內代表性企業的高階主管，希望他們提供十年內至二〇三〇年所需碩士與博士的新進人數預測，但除了T公司以外，其他業者並未自行估算如此長久的需求預估。T公司身為產業龍頭，依據其未來產能需求，來估算擴廠新進人才需求，可信度相當高。同時，也必須探討科技產業人才競合的議題。

於是科會辦採取了一個推算方式：根據T公司每年新進員工的人數，再對照人力銀行的徵才數，進而推算整個產業需要多少新血，同時推估其他公司的人力需求；有了這套模型後，再以此數據提供教育部參考，決定大學部、碩士班和博士班的招生名額應該增加多少。

葉哲良強調，產業最擔心的五缺中，政府最能直接能協助的就是人才培育；從半導體學院到晶創方案，可以看出政府政策對半導體產業的重視。業者願意分享真實數據，讓政府政策有所本，更能導向正向循環。

補齊產業的關鍵拼圖

除了人才培育以外，為了推動半導體產業鏈自主化，科技辦公室在化合物半導體材料與半導體設備著力不少。

環球晶圓董事長徐秀蘭有次參加一場半導體論壇時，談到碳化矽是否要全部自主生產的議題。科會辦後來繪製了一張碳化矽晶圓製程，從原材料石墨到矽、合成晶棒、長晶、切片、研磨拋光、測試，以及機台的整個供應鏈，評估業界自主供應程度，其中材料端獨缺高純度石墨廠商，機台端缺乏長晶機（廠商自行開發）、雷射切片機（委託工研院開發）。

當時高純度石墨廠商，臺灣只有兩家公司較有實力，其中中鋼碳素（中碳）最被推薦，但純度能力不足，葉哲良前往拜會，確認生產量能，後來獲得當時的經濟部次長曾文生協助，得知因為爐具的問題，導致加熱後不均勻，亟需克服[2]。

葉哲良偕同環球晶、漢民和能元三大潛在客戶去拜訪，讓中碳了解市場確有迫切需求，而環球晶與漢民更明確表達下單的意願，說服中碳擴大投資設備，促成中碳在二〇二三年六月成功建立臺灣唯一的石墨純化爐生產線，產出高純度石墨，可製成石墨坩鍋，是「碳化矽晶圓」的重要材料之一，對臺灣發展碳化矽半導體可說是一大喜訊，不僅打破仰賴進口商的局面，也補齊最後一塊關鍵拼圖。

在二〇一八年至二〇一九年間，半導體大廠採用在地化設備與關鍵材料的比重僅有個位數百分比，為了了解半導體設備與材料的生態，葉哲良邀集一線設備商進行了解，到底是本地業者的技術實力不足？還是進不了大廠採購？

廠商回應：一是大廠偏好先進者，只把後進者當成備選廠商；二是大廠在驗證新設備時（Alpha site、Beta site）因被視為共同研發，不會付費。設備商如果要進入大廠通過驗證，必須自行承擔資金壓力，而這些設備通常需要二～三年才能完成 Beta site 驗證，對設備商來說形同相當大的賭注。

於是政府主動幫助設備商對接需求端，協助爭取大廠 Beta site 的機會，且只要設備商能取得台積電、日月光這類國際領導性的半導體大廠的驗證用採購訂單，政府就給予補助[3]。

「與產業界的關係，慢慢因為信任與信心，開始願意交流互動，而非僅停留在表面上的社交對話，」葉哲良開心地說，後來大家都成為好朋友，還成立了臺灣電子設備協會，促成產業界與

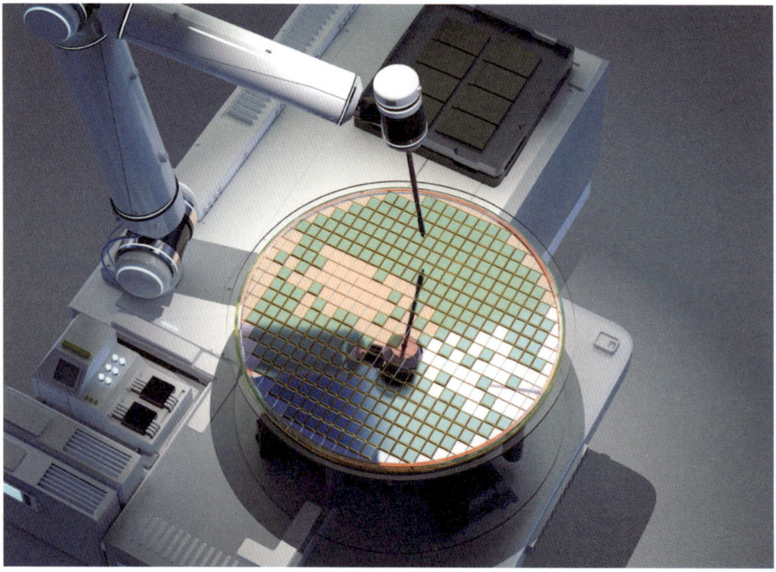

為了推動半導體產業鏈自主化，科技辦公室在化合物半導體材料與半導體設備著力不少。圖・達志

政府之間的良性交流，而且政府部門、產業端和客戶端都滿意，成就三贏。

促成生醫與資通訊相互激盪

吳政忠自認是生技產業的門外漢，二〇一六年擔任政委後，就不斷向業界的重要意見領袖請益，當時有位產業意見領袖曾說「過去十年都沒有解決的問題，現在也不可能解決！」

他心平氣和地回答：「我在二〇〇四年任職科技顧問室時就督導生技業務，對生醫產業有熱情也有想法，現在才剛上任，請給我一點時間。」

吳政忠沒有讓大家等太久，提出了Bio-ICT的全新戰略主軸，促成生醫與資通訊兩大產業的跨領域合作。

二〇一七年開始，在科技辦公室主導下，生技產業策略諮議委員會議（BTC）邀請臺灣人工智慧實驗室創辦人杜奕瑾作為主講者，廣達集團創辦人兼總裁林百里與會；二〇一九年又提出精準健康的概念，引入AI和數位科技，涵蓋從預防、預測、診斷、治療、癒後到照護整個全人健康維持維護。

當資通訊碰到生醫，果然開始激盪出很有趣的火花。

國科會（科技部）結合中研院、衛福部、經濟部等單位，順勢推動多元的政策型計畫，讓產學研醫四個面向公私協力合縱連橫，包括人體生物資料庫（BioBank）、智慧醫療、精準健康等項目，同時也成立智慧醫療器材專案辦公室、研擬「智慧醫療監理沙盒[4]」機制、力推醫院資訊規格的統一化，從資訊介面、法規、場域、產品開發到服務系統建置，進行全方位把脈與改善。

推動BioBank的串聯

在資通訊結合生醫發展的架構下，數據資料和生物檢體成為非常重要的基石。當時臺灣有三十多個人體生物資料庫（BioBank），資源分散，吳政忠希望政府創造一個平臺，讓大家的資源可以共享，加速新藥或診斷治療的發展。

團隊從二〇一七年末就開始推動，但試了很多方法都碰壁，幕僚紛紛表示難度很高，吳政忠有點生氣地說：「生技醫療產業很有機會，臺灣不大，為什麼不能合作？」他決定親自出馬拜訪各家醫院院長，了解癥結點，在幾家指標性醫院首肯後，計畫很快就啟動了。

劉祖惠回憶說，吳政忠雖然表面上很著急，一直問為什麼這麼慢，但其實很有耐心，願意為這件事情不斷開會，跟不同的利害關係人討論；由於每一方都有不同立場，不能一開始就把所有人放在同一個會議討論，要分別溝通，所以同一個議題，可能就要分別開好幾次會。憑藉著堅毅與耐心，解決了這個難題。

吳政忠以不同的角度，讓過去較為保守的生醫產業，找到一個新的突破方向。在 Bio-ICT 政策下開啟跨產業交融共創合作的風潮。

「貓頭鷹」科學園區

提到科學園區，許多人第一個聯想到的就是半導體產業，儘管臺灣半導體產業確實在世界上發光發熱，但曾任國科會副主委的臺大物理學系特聘教授林敏聰曾在接受媒體採訪時表示：「高速行駛的車子要轉彎時，本來就會遇到困難。」認為半導體產業與科學園區，近年來忽略社會需求，朝著只看重產值、講究量產的線性經濟單向前進，是時候應該轉彎了。希望未來科學園區的廠商能夠主動投入資源，落實聯合國 SDGs 的目標。

林敏聰認為，在規劃未來科技發展路徑時，除了面對全球化（Global）的挑戰外，也要納入本地化（Local）的角度，就是所謂的全球本地化（Glocal）；因此他規劃「新型態的科學園區」時，也納入這樣的邏輯思考，展現了「精緻多元」、「優生活」、「節能永續」的特色。

林敏聰在二〇二〇年五月接任科技部政務次長時，協助吳政忠與團隊研議下一階段的科學園區。當時高雄橋頭與楠梓、嘉義、屏東等地都陸續在興建新的科學園區，面對全球產業趨勢與環境生態的轉變，他認為科學園區不能只是一個圍起來的區域，必須跟社會及一般人的生活有所連結。

舉例來說，新設於嘉義與屏東的科學園區，就是屬於「小而美」的科學園區，在入口的第一棟建築物就是共用辦公室，配置高速的數位網路環境，提供給新創企業進駐，為的就是讓它們盡情揮灑「既在地又世界」的能量，尤其是在半導體以外的領域，同時也力求與園區周邊的民眾生活加以融合。

另一個很重要的理念就是環境永續，這其中還有個令人津津樂道的貓頭鷹故事。

在開發橋頭科學園區的過程中，發現開發的範圍有瀕危物種——「草鴞[5]」的棲息地。在地的環境保育人士一直反映，希望降低對棲息地的生態衝擊。吳政忠與當時的南科管理局局長、現任國科會副主委蘇振綱，十分關注這個議題，便前往當地了解狀況，與民間團體進行溝通。並首度為單一物種成立工作小組，邀請環境、生態專家學者成立草鴞保育推動小組，並擬定完整的保育計畫，增加草鴞調查和棲地維護經費，著手在區外進行草鴞棲地異地補償，維持白茅草的生態提供復育環境，並透過監視器加強生態監控。

草鴞瓷盤紀念品。落實草鴞保育行動計畫，讓科學園區與環境永續產生連結。

不僅如此，南科同仁還特別畫了一張草鴞的圖樣，印在臺灣形狀瓷盤上作為紀念品，贈送給外賓，同時介紹草鴞的故事，後來各界也將橋頭科學園區暱稱為「草鴞科學園區」、「貓頭鷹科學園區」。科學園區從冰冷單一的形象，變得鮮活起來，與生態保育、環境永續產生連結，共存共榮。

挖掘民間底層的科技力

在許多幕僚眼中，吳政忠很重視不同區塊的對話，像是讓不同研究領域的人對話；讓科技與人文對話；讓公部門與產業對話，也讓公眾團體之間對話。

長期推動參與式治理的周素卿，在吳政忠的支持下，首度在科技計畫中引進民間草根的研發力量，讓非政府組織（NGO）不只是扮演倡議或監督的角色，更能進一步提出建設性的解決方案。

周素卿主張，參考「公共藝術設置辦法」中規定，公有建築物及重大公共工程應以造價不少於百分之一辦理公共藝術，重要基礎建設也應立法規定其中一％到二％的經費用於公民參與，如此就能為 NGO 提供穩定經費，讓它們能夠永續經營下去。

這樣的倡議，雖然尚未正式立法通過，但周素卿將這種精神運用在淨零科技方案的提案中，推出了「公民團體創新示範與沙盒試驗」，這是科研計畫引進公民團體研發量能的頭一遭。

她認為淨零轉型的科技不應只限於學者、研發機構或廠商，也要讓底層的社會力量，如NGO或地方社團，能夠跟上這波潮流，因此在會議中邀請民間團體參與，協助找到經費，挖掘沙盒實驗的題目找解方。

與過往不同的是，不是由學術研究人員邀請民間團體參與部分計畫，而是

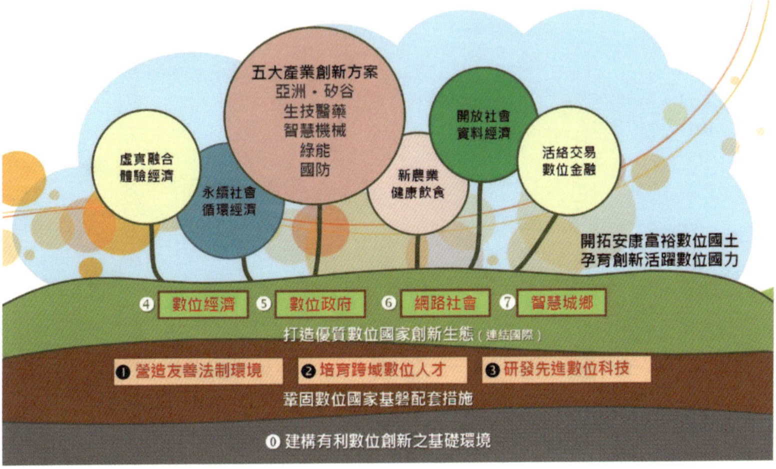

數位沃土上生長出產業創新的花朵。

由民間團體主導，讓學者和業者來協助；「我們希望能改變思維，讓公民團體不只是抗爭和監督，也有研發能力。」周素卿說。

周素卿邀請「工研院綠能所」和「社區大學全國促進會」兩個團隊，分別協助技術與公民參與的部分，結果反應相當熱烈，許多民間團體、社區組織、新創組織、地方 NGO 或合作社，主動提出創新性淨零科技方案，申請研發經費並參與沙盒試驗，第一期共有十四個公民團體參與計畫，在落實淨零綠生活與公正轉型方面繳出亮眼的成績單。

「心路社會福利基金會」提出「綠色庇護工場計畫」，將庇護工場導入綠電轉供，落實場館綠色轉型，成為社福機構淨零轉型的示範案例。

雖然心路基金會在淨零與永續方面一直走得很前面，是臺灣第一個做 ESG 報告的社福組織，但在執行時相當缺乏專業資訊與資源的協助，一開始並不清楚範疇一、範疇二、範疇三分別代表什麼，後來在工研院團隊協助之下，首先展開碳盤查，發現洗衣部最耗能的是鍋爐，洗衣袋是塑膠的不夠環保，後續就知道該如何改善。

在計畫結案後，心路基金會主管有感而發地說，如果連仰賴社會資源的社福團體都能做碳盤查和能效改善，其他單位更應該做得到。

周素卿說，從這些成果體會到，淨零轉型不應只是口號或規範，臺灣底層自主的民間力量很可貴，當認知到氣候行動是每個人的責任，連 NGO 都願意參與，減碳的目標就不難達成。

另一個案例是「花蓮縣初英山文化產業交流協會」提出的「微水力發電公民參與計畫」。移居花蓮的一對夫妻，面對氣候變遷帶來的高度不確定性和風險，在當地研究如何利用灌溉系統的微水力設施進行發電和儲能，藉此擁有局部能源自主的能力，遇到斷水斷電也不用擔心，除了展現農村社區的自主性與韌性，也給能源轉型不同的啟發。

透過這樣的推廣，初英山一帶的社區民眾，對於水力發電、儲能都耳熟能詳，連阿公阿嬤也都知道，平常將這些電力儲存起來，可用於社區共餐或舉辦活動，不用支付電費，「其實這是回歸常民生活的傳統智慧，但用現代技術實現，頗能體現普惠科技的精神，」周素卿如獲至寶地說。

其他案例也不勝枚舉，像是「宜蘭縣行健有機農產生產合作社」將農業廢棄之稻穀做成生物炭，「臺灣主婦聯盟」推動蘋果膜袋的內循環回收行動，都讓人驚訝地發現，原來科研計畫也能銜接到文化部的社區營造、農業部的農村再生等項目；來自社區或農事所的研發主題，還會列入成本考核、分享擴散機制與數據蒐集，並有系統性思考的設計。

「科技民主是臺灣最寶貴的資產！」周素卿興奮地說，當政府將更多資源用於補助社區和民間團體，可望帶動參與式治理的風氣，讓科技力深化到民間底層，並打造臺灣成為真正的科技島！

1 五加二產業創新計畫，為加速臺灣產業轉型升級，政府提出「智慧機械」、「亞洲．矽谷」、「綠能科技」、「生醫產業」、「國防產業」、「新農業」及「循環經濟」等五加二產業創新計畫，作為驅動臺灣下世代產業成長的核心，為經濟成長注入新動能。

2 當時中碳的純度能力僅止於3N，但合成碳化矽需要不低於5N5純度的石墨，這距離從工程的角度來看，挑戰非常高。

3 半導體製造業有個特性，規模都相當大，供需兩端的業者數量不多，估計只有機械業的百分之一（二〇二三年半導體設備業營收一千億美元、泛工具機領域六百多億美元），進入半導體廠的設備門檻高、機會低。因此，能取得驗證入場券是極端難得的，為此，葉哲良還前往拜會台積電與日月光的高層，尋求支持，獲得首肯，讓大廠測試的Beta site配額增加。

4 監理沙盒（Regulatory Sandbox）源自於金融科技領域，意思是讓孩子在安全沙池玩耍、發揮創意實驗的精神。最早由英國金融行為監理總署（FCA）在二〇一五年提出，並於二〇一六年四月率先推動，其後新加坡、香港、澳洲亦陸續跟進，臺灣在二〇一七年底由立法院三讀通過「金融科技發展與創新實驗條例」，是全球第一個將金融監理沙盒成立專法的國家。

5 草鴞，學名：Tytolongimembris pithecops (Swinhoe, 1866)，是臺灣唯一的地棲型貓頭鷹。二〇〇八年草鴞已經被列為第一級瀕危的保育物種。頭部外緣有一圈黃白色條紋，讓牠的臉呈現出明顯心型，乍看之下酷似猴臉，被稱之為「猴面鷹」。棲息於甘蔗田、草地及其他長草覆蓋地區，夜間活動時則常於農耕地和草生地停留。除了人為干擾少之大面積草生地外，休耕的農耕地、都會區廢耕草地、河流演替頻繁的草生地或機場內的草地等，都可能發現草鴞的蹤跡。

圖・國家太空中心

03

衝出平流層！

太空探索的「星」旅程

二〇一六年八月，五月天發表了專輯主打歌〈頑固〉MV，影片中梁家輝飾演一位有著太空夢的工程師，這個角色的原型就是國家太空中心（Taiwan Space Agency, TASA[1]）主任吳宗信，這位「火箭阿伯」後來被當時的科技部延攬，在二〇二一年八月接掌國家最高太空研發機構，讓許多國人注意到，臺灣正在積極發展「離開地球表面」的太空計畫。

福爾摩沙衛星、探空火箭、獵風者……，不少人對這些衛星與載具並不陌生，臺灣太空科技自一九九一年開始發展，迄今超過三十個年頭，但一直到這幾年，隨著太空產業爆發，才真正建立以產業發展、技術開發與國家安全並重的國家太空政策。行政院通過「第三期國家太空科技發展長程計畫」（二〇一九年～二〇二八年），將太空明列為核心戰略產業之一，二〇二一年立法院通過《太空發展法》，隨即於二〇二二年迅速通過《國家太空中心設置條例》，國家太空中心於二〇二三年正式成為行政法人並升格擴編，這一連串的作為，意味著臺灣正加速擁抱「太空經濟」時代。

日益擁擠的衛星軌道

對於新太空產業[2]來說，二〇一九年無疑是關鍵的一年。由特斯拉（Tesla）創辦人 Elon Musk 在二〇〇二年創立的太空探索技術公司（Space Exploration Technologies Corp.，即 SpaceX），在二〇一九年開始發射星鏈（Starlink）計畫中第一批六十顆低軌通訊衛星，著手在太空軌道上打造低成本的高速網際網路通訊系統，其目標是實現全地球的網際網路覆蓋。

除了 SpaceX 的 Starlink 計畫以外，亞馬遜（Amazon）創辦人貝佐斯（Jeff Bezos）的「庫柏計畫（Project Kuiper）」、Eutelsat OneWeb、中國的銀河航天科技（Galaxy Space）也加入戰局，洛克希德・馬丁（Lockheed Martin）及波音（Boeing）所組成的聯合發射聯盟（United Launch Alliance,ULA）亦是積極卡位火箭發射服務市場；一時之間，這個距離兩千公里以內的低地球軌道，顯得日益擁擠。

臺灣有沒有機會在這裡占有一席之地？

從天空覆蓋全球的網路服務

二〇一七年，SpaceX 多次試射獵鷹九號運載火箭（Falcon 9），測試火箭第一節回收任務，雖然燒掉上億美元，但在經歷多次失敗後，最終也證明了火箭回收是可行的，而且透過重複使用可以大幅降低發射成本。讓各界看到衛星科技邁向普及化的潛力，也期待發射成本的降低能真正實現太空旅遊的夢想。

全球都以「狂人」看待馬斯克，當時擔任中華電信獨立董事的陳正然，一向對資通訊的發展有著超乎尋常的敏銳度，他的經驗是無線通訊對現代生活的便利性不言可喻，民眾可以隨時上網搜尋、比價購物；企業可以使用物聯網、智慧工廠，都是拜無線寬頻之賜，但電信公司的行動通訊有個根本的問題——所宣稱的涵蓋率不是地理覆蓋率，而是人口覆蓋率，如以地球表面來看，實際覆蓋率可能只有百分之五。陳正然看穿了馬斯克的用意，雖然宣稱最終夢想是要征服火星，但最主要任務是打造低軌通訊衛星，實現新一代無線通訊的目標。

眼前的事實是，地表上仍有許多基地台訊號難以觸及的地方，有些地區受限於地形的限制，有些地區則因人煙罕至、投資效益太低。要真正達到無所不在的覆蓋，唯有從太空衛星發射網路訊號。馬斯克打造的星鏈低軌通訊衛星網路，就是要解決這個問題，提供全球無死角的高速網際網路服務。

理解到衛星通訊的重要性，二〇一九年秋天，陳正然與時任科技政委的吳政忠向正在競選連任的蔡總統建議，將衛星科技列為連任後的重要政策之一。二〇二〇年五月，由轉任科技部長的吳政忠掌握狀況，全力進行相關政策與法規的推進，僅僅一年即完成《太空發展法》的立法程序，同時也把太空中心提升為獨立的行政法人機構，從過去隸屬於國家實驗研究院升格為直屬國科會，在二〇二三年一月正

臺灣國家太空中心（TASA）正式揭牌。圖・國家太空中心

式實施。

太空中心從此有了截然不同的高度。

與 SpaceX 的第一次接觸

吳政忠回憶說，二〇一九年全球新太空經濟正加速成形，加上農曆年後陳正然也來電提醒：要特別注意星鏈計畫的低軌通訊衛星計畫，他迅速指派當時的行政院科技會報辦公室執行秘書蔡志宏帶團，於五月初前往美國 DC，參加全球規模最大的國際太空衛星展（SATELLITE 2019），並且在回程時到加州拜訪 SpaceX。

當時 SpaceX 正有意擴展臺灣供應鏈，蔡志宏在那次出訪中，雖未能見到馬斯克本人，但 SpaceX 特別開放發射場給參訪團參觀，並進行討論交流，他也從中逐漸了解 SpaceX 與臺灣廠商的供應鏈關係，以及臺灣在國際衛星供應鏈上可扮演的角色。

蔡志宏研判，臺灣雖有電子業和機械業有能力提供部分零組件設備，但對整體衛星系統的掌握度仍有不足，當時對衛星科技最熟悉的是太空中心，但過去都是研發遙測、氣象或科研用的衛星，缺乏處理通訊衛星的經驗；所幸臺灣通訊產業深耕 5G 領域已有多時，包括毫米波技術、陣列天線技術都可直接用在衛星上。加上傳統通訊衛星均是使用地球同步衛星，資訊通量較低，延遲較長，因在未來科技趨勢上傾向於使用低軌衛星，加上使用更高頻段（如 Ka 頻段），使通訊達到寬頻程度。因為衛星的數目將大幅增加，未來可能接近現在 3C 消耗性電子產品模式，因此技術零組件分工更為綿密，正是臺廠可以切入的時機點。

蔡志宏將相關情報帶回臺灣，返國後很快就啟動了兩項重要計畫：一是投入通訊衛星技術的自主研發，啟動 B5G 實驗衛星計畫，由太空中心和工研院團隊負責，使用科發基金作為第一階段經費；二是由經濟部工業局調查臺灣衛星零組件供應能量，設定補助和輔導機制，啟動主題式研發。同一年也成立「臺灣太空產業發展協會」，由太空中心扮演穿針引線的功能，藉此推動臺灣太空產業發展，並促進國內及國際間的產業交流合作。

「這次行程雖然只是個開端，但對臺灣發展衛星產業而言意義重大！」陳正然這麼說。

從價格走向價值競爭

在產學研界攜手下，臺灣追趕的腳步很快，僅僅一年的時間，在二〇二〇年華盛頓國際太空衛星展（SATELLITE 2020）展會上，已經可以看到臺灣太空產業鏈的雛形。「臺灣館」第一次亮相，由太空中心、工研院及工業局邀集廣碩、中衛科技、芳興及創宇航太等臺灣廠商，展示各自在發射服務、天線、毫米波、立方衛星等方面的研發成果，也向國際展示：臺灣的確有參與太空產業供應鏈的實力！

「就在低軌通訊衛星要加速商用化的轉折點，臺灣已經快速組隊，在國際拓銷與採購的舞臺上登場，把跟全球做生意的態勢擺出來。」當年也是參訪團成員的蕭景燈這麼形容。

展會期間，團隊成員也順道拜訪 OneWeb[註]的美國總部，蕭景燈曾詢問

OneWeb 代表關於零組件採購策略，對方回答只要能找到最符合成本效益的解決方案，不管是臺灣廠商或越南廠商都可接受。

當時臺灣衛星通訊廠商已有一些零星能量，但還是以零組件代工為主。蕭景燈認為，如果只是提供個別的天線、電源、雷達模組，最終難免流於價格廝殺，對臺灣太空產業的整體能量提升意義不大；推動太空計畫的目標就是建立一個新興產業的供應鏈體系，讓國際大廠看到臺灣的價值，成為長期合作夥伴，讓國內業者準確掌握技術規格與市場需求。

「我們希望大家拋棄單打獨鬥的方式，不被國際大廠各個擊破，」蕭景燈期待臺廠「能打群架，把不同領域的東西整合在一起，建立次系統的研發製造能力，從價格競爭走向價值競爭。」

註：OneWeb，是一家全球通訊公司。公司的主要子公司一網衛星（OneWeb Satellites）是一家衛星生產工廠。現已改組為 Eutelsat ONEWEB。

符合臺灣優勢的戰略產業

二〇二〇年五月二十日，蔡英文總統在第二任就職演說時宣示，將在過去推動五加二產業創新的基礎上，強打六大核心戰略產業，其中太空產業將是國防及戰略產業的重要一環，希望全力發展低軌道通訊衛星及地面設備，行銷太空國家品牌。

從陳正然的觀點來看，正要邁向大量商用化的低軌通訊衛星，確實很有機會成為臺灣下一個新興產業——首先，這是一塊沒有絕對領先者的新藍海；其次，該產業的市場規模夠大，能讓臺灣產業上、中、下游廣泛參與，人人都有賺錢的機會；第三，能夠槓桿臺灣現有資通訊產業的優勢。

陳正然分析，亞馬遜、微軟這些科技巨頭的年度研發預算都超過兩百億美元（約合新臺幣六千五百億元），遠遠超過臺灣的年度科技預算約合新臺幣一千五百億元，「我們不可能跟它們直球對決，必須挑選一些尚未被他人完全壟斷的新興領域，才有機會在起步時就搶得先機。」

太空經濟涉及的產業鏈相當廣泛，無論是生產衛星本體、發射載具、接收器或通訊控制系統等，都能在未來的市場中分一杯羹；尤其低軌通訊衛星的技術門檻不算高，臺灣一旦能夠掌握關鍵規格，很快就有能力涉入；所需要的處理器、晶片、連接器、材料、零組件等，也都是臺灣的強項所在。

另一個延伸效益是，臺灣的工業基礎非常強，如車規的供應鏈，再加上在太空真空與抗輻射電子產品的需求等等，可以「變身」為太空使用的產品供應來源。

新太空產業是一個契機，等於為現有產業開啟全新應用領域並拓展需求來源。陳正然強調，這是一個新興產業領域，沒有絕對領先者、產業鏈完整、可與我們既有優勢互補，並且和未來 6G 通訊息息相關，兩者如互相結合，一定能夠相得益彰。

從 5G 走向 6G 的過渡時期，許多衛星設備仍是專屬（proprietary）寬頻通訊規格，包括 Starlink、OneWeb、Kuiper 等國際大廠都是以封閉系統為主；但 3GPP[3] 已在著手制訂 6G NTN 標準，包括衛星通訊、非地面通訊的開放標準將逐步釋出，未來生產同一款產品就能供貨給不同客戶，「從過往 PC 產業的經驗來看，開放系統對臺灣廠商更有利，」蕭景燈也看好廠商能進一步發揮優勢，搶占先機。

把社會期待與國家需求連結起來

各界對新太空經濟的發展都抱以高度期待，但誰能擔任臺灣下一階段太空科技發展與產業化的領航者？許多人都推薦吳宗信。

吳宗信於一九九四年取得美國密西根大學航空太空工程博士學位後，一九九五年返臺就進入太空中心的前身——行政院太空計畫室籌備處擔任副研究員，對太空中心並不陌生；他自一九九八年開始在陽明交通大學任教，也曾借調到經緯航太擔任技術長，後來更成為晉陞太空科技的創辦人兼執行長，是國內極少數橫跨產學研的太空實踐專家。

吳宗信對火箭懷抱高度熱忱，且有強烈的使命感，希望將所學貢獻國家，二〇一二年起與一群跨校師生成立「前瞻火箭研究中心」（ARRC[4]），靠著民間資金支持「太空夢」；其後啟動兩次群眾募資，受邀到 TED x TAIPEI 演講，更讓「火箭阿伯」親切又熱血的形象深植人心。

事實上，吳政忠在二〇一六年接任政委後，就常邀吳宗信討論太空產業的議題，每次都長達兩、三小時。後來透過當時的國研院院長吳光鐘力邀吳宗信接任太空中心主任，但吳宗信因業界任務尚未告一段落而婉拒，直到二〇二一年才終於首肯接下重任。

吳宗信過去帶領的ARRC團隊，十多年來投入將近三億元資金，開發臺灣第一枚類衛星載具火箭，其中包含國科會與太空中心科

旭海科研火箭任務由陽明交通大學前瞻火箭研究中心ARRC再度挑戰，成功發射。圖．太空中心

研計畫經費，兩度群眾募資，獲得超過一萬人次支持。其餘還有企業贊助、校友捐款等。他充分感受到臺灣社會對自主發射火箭的期待，「我知道社會要什麼，所以我才會來到這裡，把社會與國家的需求連結起來。」

在業界的經驗與人脈都成為他的養分。吳宗信有感而發地說，在業界期間有些曲折與複雜，但因此對臺灣的科技與軍工產業有更深入的認識，理解到臺灣產業鏈的廣度和深度。

展開組織變革

帶著熱情與各界的期盼，吳宗信到太空中心後，自然會想要有一番作為。他在上任前半年，就做足了功課，充分了解十二個功能組的業務執掌，因此在上任後，即刻展開組織文化再造與人員換血，拔擢具備太空背景及系統工程實戰經驗的優秀主管當責。他師法艾科卡接任克萊斯勒汽車廠總裁的作法，於一個月內打散一組同仁，並轉職到適當功能組。任命九組新主管，希望整個組織可以更積極作為，共同為臺灣走出一條不一樣的太空之路。

因為太空中心的升格，年度預算與編制也倍增，團隊加速擴編，原本只有兩百多位編制，但二〇二三年增加近百人，二〇二四年又續增上百名人力，考驗著各級主管的管理能力。

人事調整很難，但組織文化的變革更難。吳宗信坦言，太空中心原本屬於學術單位，現在則要擔負起產業推動的任務，過去團隊多半都是純工程師背景，現在則要正視產業需求，這個轉變確實是一大挑戰；但整個中心鮮少人真正在業界工作過，缺乏實際經營公司的經驗，包括智慧財產權、技術轉移、新創育成等相關領域的專業知識也都需要補強。

衛星與火箭都屬於跨領域的研究，需要機械、電子、通訊、結構、材料、數學、物理甚至化學等專業的合作，雖然太空中心過去是系統工程專業導向，但是由於人數不足，加上過去自美國移植過來的衛星設計與製造偏向軍事衛星，超常嚴格，在整個系統工程的實務操作過程，確實有值得檢討的地方。各次系統站在相對狹隘的角度，卻忽略現在新太空走向使用 COTS（Commercial of The Shelf）元件的發展，欠缺整體的思維，因此吳宗信特別引進相對有效率的「適應性系統工程」（Adaptive Systems Engineering）模式進行管理。

舉例來說，系統要朝向輕量化設計，但各單位在設計時會刻意將安全容限開到很大，導致整合起來的系統就有可能過重；而一顆衛星內有上萬個零件，許多模組設計啟動後，一旦有所抽換就要全部重新測試，因此即使發現有重複開發的功能，或是可以整合的機制，都無法隨意更換或調整。

吳宗信發現，這個問題的根源，在於缺乏整體規劃與把關的機制，導致各單位只顧自家門戶，後來他廣泛參與各項技術會議，嘗試將每個單位設計上的缺失逐一改善，希望藉此破除各單位的「本位主義」。

善用業界人脈

在過去，太空中心主任的主要任務是計畫管理與監督，在技術方面盡量尊重不同功能組的團隊，但吳宗信發現有些重要的衛星任務計畫卡關嚴重，為了不影響整體進度，只能趕緊動用業界的人脈與資源，甚至自己跳下來當計畫主持人。

福衛八號自二〇一七年進行關鍵元件發展與衛星系統設計，其中第一顆衛星預計二〇二五年底就要發射，但歷經多年開發，大型光機備便情形一直不順利，雖然吳宗信因過去研究經驗對光學並不陌生，但自知不是太空光學專家，但眼看進度延宕，於是吳宗信在二〇二二年八月至二〇二三年一月暫代福衛八號計畫主持人，時間長達半年。在這過程中，他決定改變過去太空中心管理計畫方式，期間組成臨時小組，成員包括各功能組重要的領導者或是過去有明顯技術貢獻者，每周開會兩小時，釐清光機開發碰到的問題，一起討論可能的解決方案。原本各種功能組的成員都是被動接受計畫制定好的技術規格而進行設計，但這些會議促使大家主動參與，貢獻己身專業意見，一起發想解決問題的方式。此方式效果卓著，後來開發福衛九號 SAR 計畫也沿用此型態。這就是 bottom-up 精神帶入系統工程的好處，會讓參與的工程師直接感覺他／她的貢獻，同時一起解決難題，培養革命感情。

福衛八號重要目標之一為自行開發光機系統，而大型光學鏡片更是關鍵元件，過去太空中心只有一家鏡片供應商——國研院儀器科技研究中心（簡稱儀科中心），一年只能磨一片，脆弱的鏡片禁不起一點閃失，同仁在搬運時都膽戰心驚。每一片鏡片從下單到成品就要六到八個月，吳宗信知道需要快速建立更完整的國內供應鏈，否則福衛八號光學遙測衛星計畫絕對不可能準時完成。

為了強化產業化能力與供應鏈韌性，吳宗信在國內四處找尋可以生產大型光學鏡片的團隊，除了與工研院電子與光學系統所合作外，又找到兩家臺灣公司，加上儀科中心與太空中心，共有五個單位能夠供貨，這樣的產能足可因應國家

二〇二三年福衛八號望遠鏡光機工程體完成光學熱真空測試。圖・國家太空中心

發展太空計畫現階段的需求。他還向大立光爭取到一台三千萬元的真空濺鍍機（sputter），開始培養光學鍍膜能力，這些都是運用他過去的業界資源與人脈連結。

二〇二一年時，光學組只有五位人力，研發能量明顯不足，經過調整後，現在光學團隊已有二十多人，非常完整，可謂兵強馬壯，各層級都有專業人才。

另外，因為過去福衛三號、七號使用 GNSS-RO 技術量測赤道南北緯三十度垂直剖面的溫度、溼度與氣壓等氣象資料，加上獵風者利用 GNSS-R 技術量測海面風速的能力，對增強台灣與國際的氣象預測能力有著不可磨滅的貢獻。但是環視目前執行的三期太空計畫，完全看不到相關延續的計畫。他一直將這件事情放在心上，直到有一天跑步時，突然想到為何不將 GNSS-RO/R 酬載模組化，將它放在未來所有太空中心要發射的衛星上擔任第二酬載的角色？結果，這項想法經過太空中心系統工程專業的評估確實可行，且成本極低，他有信心台灣在未來仍然會在這個領域扮演重要的角色。

科技大廠態度由冷轉熱

吳宗信同時還有一個身分是「臺灣太空產業發展協會[5]」理事長，協會二〇一九年初成立時僅有二十多家公司會員，在他於二〇二一年二月接任時，仍然只有二十多家，到了二〇二四年已有近百家公司會員了。

這幾年業界的態度變化相當明顯。二〇二一年吳宗信上任後，特別前往拜會鴻海、緯創、和碩、廣達、宏碁等公司的高階主管，但多數人的反應都相對冷淡，對太空產業顯得興趣缺缺；隨著低軌通訊衛星的市場成形，部分廠商開始接獲訂單，例如鴻海旗下的鴻佰科技，與以色列 Ramon.Space 攜手，打造太空巨量資料運算產品；金仁寶也打入 SpaceX 的 Starlink 供應鏈，提供傳送端與接收端的基地臺主板，廣達投資 CesiumAstro 通訊衛星酬載供應商。

臺灣廠商感受到商機升溫後，態度由冷轉熱，變得非常積極，主動找吳宗信及協會對接，讓臺灣太空產業的能量變得更為豐沛。

現階段臺灣供應鏈與 SpaceX 等國際大廠合作都是由大廠主導，臺灣只扮演局部角色，吳宗信希望透過協會的運作，未來能由臺灣協助整個供應鏈，扮演系統整合的角色；此外，也希望透過這個平臺，提供具體的商機或資金，例如媒合投資人脈關係，及新太空產業的投資機會，其他像是太空基金、太空 IP 銀行等創新模式，也是後續將大力著墨的方向。

邁向世界三強的捷徑

臺灣在這個時間點才加速發展太空科技，要如何追上其他國家的腳步？吳宗信苦思多年，有一天答案突然在腦海中浮現，「晶片化」或許就是臺灣太空產業的獨特利基。

吳宗信評估，目前臺灣在製造數百公斤級的小型人造衛星方面，整體實力位居全球第十五名上下三名左右，衛星本體從系統到零組件設計製造都可在臺灣自主完成，自製率預估到二〇二五年底可達九十％，但與太空強國相比，臺灣尚未展現出非常特殊的優勢。

目前大家公認的太空強國包括美國、俄羅斯、中國、日本、印度和南韓等，除了客觀上擁有火箭運載能力外，還具備衛星、航太等綜合實力，包括外太空探索能力。

吳宗信認為，要發揮臺灣優勢，就要將衛星做到高度晶片化、微型化和模組化，搭配臺灣在半導體、資通訊、精密機械等產業鏈的厚實基礎，就有機會躍升為太空強國前三名之列，成為全球不可或缺的關鍵供應商。

「這個想法讓我興奮到無法入睡！」最早吳宗信是與一位友人討論到這個議題，兩人愈聊愈激動，因為他們相信，臺灣掌握衛星全系統設計和製造能力，加上晶片設計生產的優勢，結合起來絕對能超車國際競爭對手。本來他的朋友是跟他提議立方衛星的晶片化，後來他思考一陣子以後，認為立方衛星已經夠小了，再進行晶片化的產業價值可能不明顯，但是幾百公斤的小衛星（SmallSat）的本體，卻是有無限的想像空間，包括衛星電腦系統，電源控制系統，通訊傳輸機等等重要的電子元件與系統，均有使用晶片的極大可能。

手機產業就是非常值得借鏡的對象。衛星本體可以比照手機的開放平臺概念，提供標準化的底層架構，包括軟硬體接著在這個平臺上快速設計整合，只需添加所需的特定功能模組即可，再搭配不同功能的酬載（通訊、光學遙測、合成孔徑雷達、氣象等），可以大幅縮短開發時間與成本。

吳宗信舉例說，手機主晶片都整合的 GPS 功能，GPS 接收機重量可能不到五十公克，但我們為衛星開發 GPS 接收機，重達三公斤，衛星的導航功能需採用多顆 GPS 接收機並整合感測資料，才能將解析度從十公尺精細到十公分以內；如果用這麼大的 GPS 接收機，整合五顆就有十五公斤重，如果有機會整合成晶片，五顆只有兩百五十公克重，就能實現輕量化劃時代的目標。

不僅 GPS 接收機，衛星內的電子系統都可能變成 ASIC[6] 晶片，機械部分則可模組化，原本重達五、六百公斤的衛星就可能減輕到二百至三百公斤，功能卻更好。在全面晶片化、採用開放平臺之後，成本也將變得更便宜，目前市面上一顆輕量級衛星要價約三百萬美元，如果臺灣生產可能只要三十萬至五十萬美元，「要實現這樣的目標，只有臺灣半導體業做得到！」吳宗信興奮地說。

改變產業遊戲規則

過去只有特定的衛星服務營運商會採購專屬衛星，但如果採用晶片化的小型衛星，成本將大幅降低，屆時整個產業生態與格局就將為之不變。

舉個特殊的例子，如石油大型企業為了監控自己的碳足跡，因衛星成本降低，自己就可發射並運作二、三十顆衛星，對二氧化碳及懸浮微粒的分布情況進行精密且第一手的監測，有了具體的應用跟需求，勢將帶動整體衛星採購量的提升。

隨著晶片化和模組化設計的發展，未來每半年就能生產出一枚功能更強大、能耗更低的客製化衛星，這不僅有利於實現聯合國永續發展目標（SDGs），如減少發射過程物資消耗及大氣層污染，也能推動小型衛星產業的創新發展。吳宗信深信，臺灣掌握住在晶片化及模組化設計的優勢，就很有機會開創這個新興產業的藍海市場。

要達到此一目標，吳宗信認為一方面要靠半導體實力，一方面要孕育出衛星系統製造商，打破單一元件供應商的局面，將上下游元件與晶片整合，才能

蔡英文總統視察獵風者衛星位於國家太空中心的電磁相容實驗室。

做到規模化降低成本、減少功耗、提高製造速度和自動化水準。

吳宗信分析，要設計衛星上的獨立電腦系統，不同於手機、電腦的處理器，必須考慮太空環境的輻射、真空等特殊條件，對硬體架構和基本技術規格提出特別要求；此外，要從系統到服務層面都能掌握，不僅了解下層元件的技術規格，還要清楚這些規格如何滿足特定衛星任務的要求，比如轉速、機械特性、控制精準度等。

「目前這方面的專業知識與技術，全臺灣只有太空中心掌握。」

吳宗信信誓旦旦地說，太空中心可站在一個戰略位置上，致力於協助業界將衛星系統全面晶片化，讓國家過去三十年的投資轉化為可見的成果。

「臺灣是全球唯一能夠一條龍從晶片設計、製造、封裝到整體模組化的國家，絕對有優勢成為全球衛星設計製造的供應鏈中心。」吳宗信對此深具信心。

「頑固」——創造奇蹟

吳宗信坦言，為了在新太空經濟時代急起直追，確實承受很大壓力，但每回遇到挫折時，只能不斷提醒自己要堅持信念、不負國家所託，深呼吸後就要再次前行，「為了在二〇三〇年看到火箭升空，載著臺灣自己做的衛星，我必須咬牙苦撐下去。」

從外購到自製，從衛星到火箭，臺灣已經邁入「第三期國家太空科技長程發展計畫」（二〇一九年至二〇二八年），進一步精進太空技術，開創太空關鍵產業。

從第一期到第三期計畫都有參與的吳宗信表示，第三期除了獵風者號衛星的延續性計畫外，還有福衛八號6+2枚高解析度光學遙測衛星、福衛九號兩枚合成孔徑雷達（Synthetic Aperture Radar, SAR）衛星，另外B5G低軌通訊衛星計畫有2+4枚衛星，希望透過與產學緊密合作，建立台灣低軌通訊衛星的系統的整體技術能力。

第三期還有外太空探索與科學創新計畫，其中包括一個探索月球的計畫，希望實現環繞月球、登陸或在月球表面活動的無人任務，牽涉到長距離通訊、地理空間資訊等技術。

預期到了二〇三〇年，臺灣太空產業應具備光學遙測衛星、SAR衛星、火

太空中心自主研發的氣象衛星「獵風者」成功與臺灣地面站連線了！

箭等廣泛能力，並能實現探月計畫，如果能完成探月計畫，下一步就能真正登陸月球，屆時臺灣太空產業至少會有一到兩家衛星系統製造商，如果衛星載具發展成功，也能孕育出衛星發射的新創公司。

「ARRC 前瞻火箭」在群眾募資計畫中是這麼說的：太空是需要一群有夢想的人，一起努力才有辦法達到的地方，這場太空征途，我們沒辦法打正規戰，無法透過大筆的經費去堆砌出成果，只能在有限的資源下去創造奇蹟。

只要有一群敢作夢的人，找到適當的定位與優勢，堅持「頑固」——總有一天，臺灣會向世界展現開發尖端科技與系統整合的能力——更證明我們勇於想像未來，更能夠定義自己的價值。

---

1 國家太空中心，原隸屬於財團法人國家實驗研究院，二〇二三年一月一日正式改制為行政法人國家太空中心，成為國家科學及技術委員會（國科會）轄下新設的法人機構。改制後的國家太空中心英文則由 National Space Organization（簡稱 NSPO）改為 Taiwan Space Agency（簡稱 TASA），增加「Taiwan」名稱亦提升於國際

間識別度。行政法人化的國家太空中心將以提升國家太空科技研發能力，執行國家太空政策與計畫，促進我國太空活動及太空產業發展為首要工作。

2 新太空，近年來以美國為首，國際上民營新創太空產業如雨後春筍，以新技術、新概念吸引風險投資，挑戰傳統太空產業，稱為新太空（New Space）二·〇。有別於過去以政府或軍事目的為主的傳統太空產業發展模式，「新太空」（New Space）代表以商業與社會經濟為主要導向的新興私人太空產業，發展更具成本優勢與廣泛商用化的太空科技，改變現有太空產業營運模式。

3 3GPP，第三代合作夥伴計畫（3rd Generation Partnership Project，3GPP）目標是在國際電信聯盟的IMT-2000計畫範圍內制定和實現全球性的（第三代）移動電話系統規範，成立於一九九八年十二月。目前其成員包括日本的ARIB和TTC、北美洲的ATIS、中國的CCSA、歐洲的ETSI、印度的TSDSI和韓國的TTA。

4 ARRC，國立陽明交通大學前瞻火箭研究中心（Advanced Rocket Research Center，ARRC）二〇一二年成立，由陽明交大、成功大學、北科大等跨校團隊組成的探空火箭學術研究機構，最終目標為發展出臺灣自主研發製造的運載火箭，並達成運送衛星或其他科學酬載進入軌道的能力。

5 臺灣太空產業發展協會（Taiwan Space Industry Development Association，TSIDA），以推動臺灣太空產業發展為宗旨。主要辦理產業與政府部門與學術界間交流活動，以及召開國內外會議與論壇等工作，並對我國太空產業發展進行策略分析研究與提供策略政策建議。

6 ASIC，特殊應用積體電路（Application-Specific Integrated Circuit，ASIC），是針對特定且專門之應用需求所設計開發的專用晶片，即客製化晶片，不同於通用的CPU（中央處理器）以及GPU（圖形處理器）。適合應用在單一場域，但對於性能、與能耗有更高、更嚴格的標準需求，例如挖礦、特殊演算法的資料分析及推論等，其製造出來的晶片較無法相容於其他應用場域。

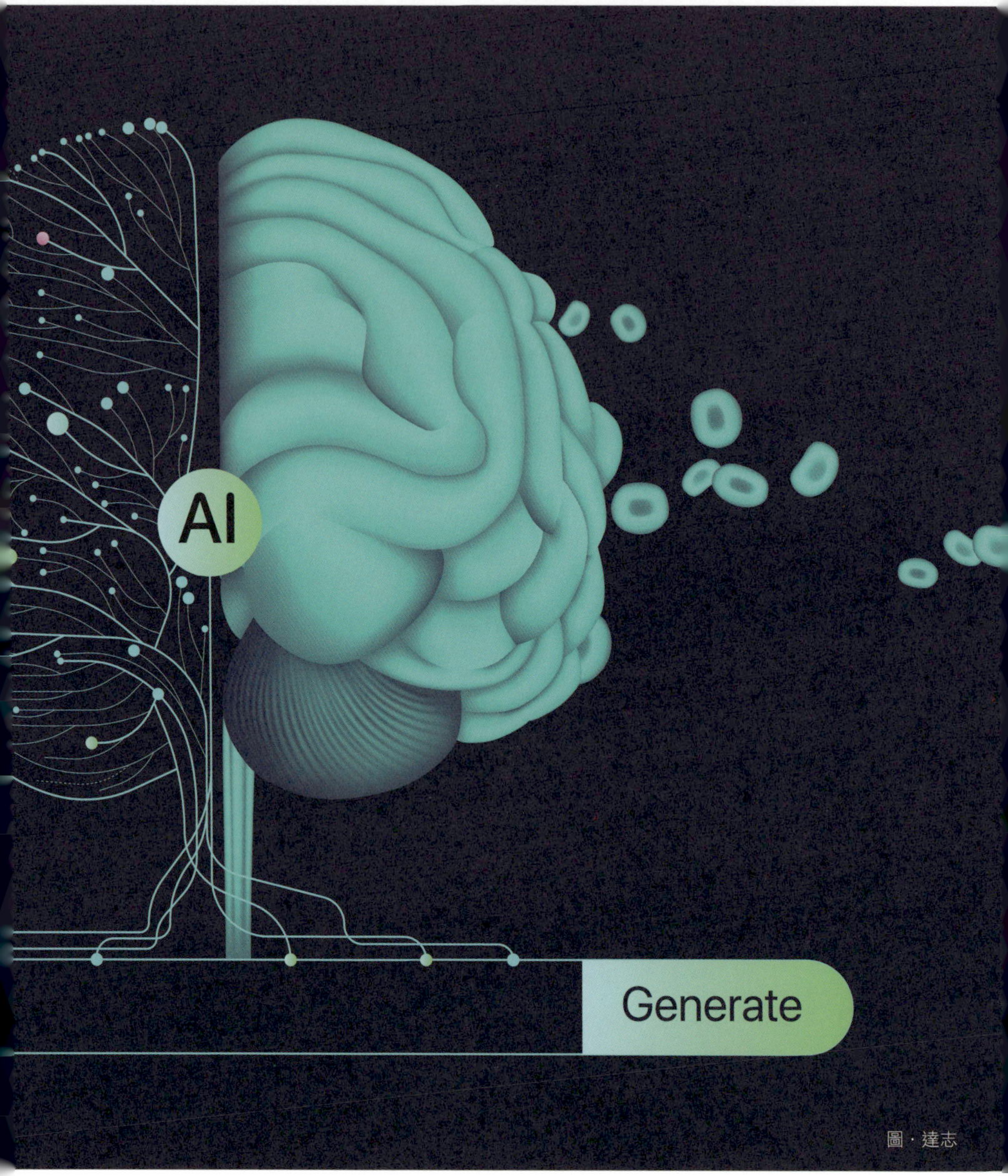

圖．達志

04

裝上自己的引擎

駛向多采多姿的AI世界

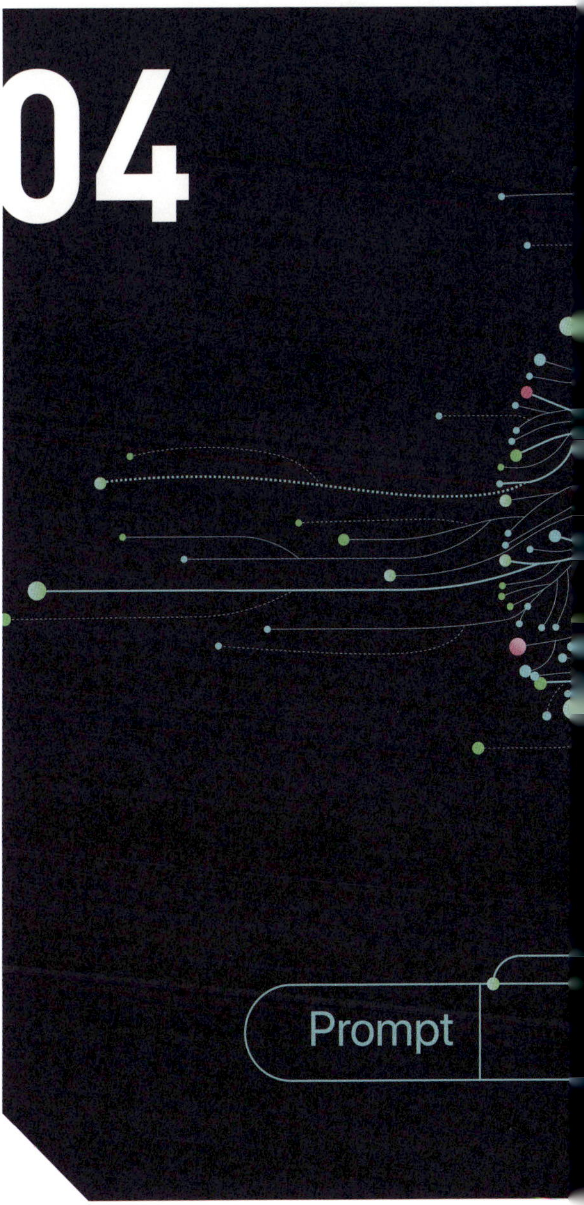

二〇二二年十一月三十日，美國 OpenAI 推出了 ChatGPT 的生成式 AI（Generative AI）聊天機器人，其強大且友善的功能顛覆大眾對於 AI 的想像，帶動爆炸性的用戶成長，僅推出兩個月活躍用戶人數就突破一億大關！ChatGPT 帶來的全球旋風，讓「AI」從科技專有名詞「下凡」，大眾大規模擁抱 AI，「你—ChatGPT 了嗎？」一時之間變成了「招呼用語」，二〇二三年更被全球媒體封為生成式 AI 元年！

這波生成式 AI 的爆發並非橫空出世。科學家在一九五〇年代就開始研發 AI，一九八〇年代專家系統曾掀起一波熱潮，但一直到二〇〇〇年之後機器學習、類神經網路、深度學習等技術推波助瀾，才將 AI 演算法與相關應用推到一個新境界，開創了現在的 AI 顯學[1]。

隨著 ChatGPT 的滾雪球效應愈演愈烈，全球大型企業與政府部門也都競相投入開發生成式 AI。二〇二三年二月七日，Google 就宣布基於 LaMDA 大模型的「Bard(後改名 Gemini)」正在進行內測；次日，微軟（Microsoft）宣布推出由 ChatGPT 支持的最新版本 Bing 搜尋引擎和 Edge 瀏覽器；中國企業也不落人後，百度宣告大模型新專案「文心一言」（ERNIE Bot）預計在二〇二三年三月完成內測，中國多家企業如阿里巴巴、三六零、科大訊飛、騰訊等，紛紛表態加入戰局，京東雲宣布旗下言犀人工智慧應用平臺將推出產業版ChatGPT-ChatJD。

凡此種種，都宣告了生成式AI正掀起滔天巨浪，不僅重新定義人類學習、創作與工作的模式，也將加速產業經濟的變革，帶動新一波的國際科技競賽！

因為臺灣AI相關發展計畫規劃時間較早，並沒有納入生成式AI與大型語言模型相關的布局。二〇二二年底到二〇二三年初，ChatGPT帶來的旋風卻已經席

二〇二三年在TAIDE計畫啟動前的會議。

捲全球各地[2]。

生成式AI在業界的討論已有多時，但過去要實際使用並與這些大型模型對話，仍需靠工程師的專業能力，直到ChatGPT推出簡單的聊天介面，明顯降低了使用門檻，讓普羅大眾都能輕易使用。

「如果比較GPT-2與GPT-3.5的差異，你會驚訝於生成式AI的快速進展！」當GPT-2在二〇一九年二月推出時，麻省理工學院（MIT）曾設法取得並公開測試，發布了一則「俄羅斯對川普宣戰」的假新聞，由GPT-2自動生成一篇報導內容，但GPT-2還需多次嘗試才能產生如此結果；時隔三年多，二〇二二年底推出GPT-3.5版本時，當時擔任科技辦公室副執行秘書的李育杰發現，不管問什麼，發現它的回答都頭頭是道、信手拈來，其進步之神速可見一斑。

科技文化主權保衛戰

這不僅是一場生成式AI的技術爭先賽，還是一場科技文化主權的保衛戰。

當時網路媒體及數位工具的全球流動，已經可以明顯感受到「文化偏見」、

「文化侵權」的跡象，最明顯的就是「TikTok」（抖音）在歐美各國的爭議。二〇二二年十一月，美國聯邦通訊委員會（FCC）委員 Brendan Carr 率先表示應直接封禁 TikTok，原因是 TikTok 擷取美國用戶的數據，包括個人隱私資料在內，影響資安甚鉅。

美國不少專家更將 TikTok 稱為美國青少年的「鴉片」，認為這個平臺在使用時間和瀏覽內容上毫無限制，造成了美國青少年的沉迷，更有研究發現 TikTok 可微妙地塑造公眾意見，而其演算法會強化年輕用戶的負面想法，這幾乎就像是把鴉片輸送給青少年，對美國下一代帶來不健康的影響。

當時臺灣正經歷二〇二二年的地方公職人員選舉，選戰打得火熱之際，「假訊息」、「認知戰」等議題也受到各界矚目。國安系統表示 TikTok 資安風險已經連動到國安問題，數位發展部也在十二月十二日明文禁止公部門資通設備及所屬場域使用抖音等軟體，並協助警政署、法務部、金管會與衛福部等單位，與 TikTok 建立直接快速溝通管道。

在這樣的背景下，國科會中的一些專家，包括李育杰，以及科技辦公室新興資通組主任蕭景燈，第一時間就緊盯著 ChatGPT 的發展與相關效應，除了體認到生成式 AI 的普及已是勢不可擋的潮流，將對不同領域產生衝擊，更主張 AI 技術的發展應與本地價值觀與文化相符合，如此才可降低避免 TikTok 這類文化偏見、文化侵權的威脅，並進一步建構主權 AI 發展策略與主權 AI 生態系。

文化主體性的失衡與失控

「隨著我們在這個領域玩得愈深入，就愈覺得它的能力很驚人，但另一方面也覺得有些不對勁。」李育杰口中的不對勁，來自於文化主體性的失衡與失控。

許多人一定有這種經驗：當你用中文與 ChatGPT 對話時，會發現它常以簡體中文回覆，許多用語與繁體中文明顯不同；當你告訴它看不懂簡體中文時，它會很有禮貌地表示下次將使用繁體中文，但接下來的回覆還是簡體中文，似乎是說一套做一套。

李育杰解釋，ChatGPT 之所以會以簡體中文回覆，主因是在它的訓練數據中，簡體中文的語料遠多於繁體中文，所以字詞語法會更貼近中國，但兩岸用語大不同是眾所皆知的事。以英文字 potato 來說，臺灣叫它馬鈴薯，對岸同胞叫土豆，用錯了就會鬧笑話；更有甚者，他在大學教「線性代數」時，課堂上有中國留學生，才發現中國把矩陣中橫向的元素組稱為「行」，縱向稱為「列」，恰與臺灣用法相反。

基於這些專業術語的譯文以及語意體系的差異，從簡體中文轉到繁體中文並不是直譯這麼簡單的過程而已，「一定要用自己的文字和語料來訓練，做出來的模型才能真正貼近臺灣習慣使用的中文。」李育杰強調。

業界的需求同樣極為迫切。如果臺灣中小企業要使用大型語言模型，無論是客服還是文案撰寫，當然希望以慣用的臺灣用語來表達，而不是夾雜一堆簡體中文的詞彙與文法。更嚴重的是，如果使用外國模型可能會有資料外洩或營業機密外流的風險，南韓三星（Samsung）就曾發生過類似的案例。

這時走到一個十字路口，到底要採用國外的 AI 大型語言模型？還是要建立臺灣自主的 AI 引擎？

「假使臺灣不投入資源，民眾與企業就會使用其他國家提供的生成式 AI 服務」李育杰與蕭景燈等人，一有機會就向吳政忠報告此一趨勢及他們的擔憂。幸運的是，因為吳政忠對於 AI 的發展軌跡亦步亦趨，加上他相當看重臺灣對文化與知識主體性的掌握，很快就與團隊凝聚了「發展繁體中文生成式 AI」這項重大政策的共識。

重演三十年前的網路熱潮

TAIDE 計畫之所以能夠順利推動，除了計畫召集人李育杰之外，蕭景燈也是關鍵推手。

「當我說明這個計畫時，看到他彷彿重拾年輕時的熱情，就像當年在創辦蕃薯藤時的那股衝勁，真的讓我滿懷感動。」李育杰這麼說。

事實上，對於生成式 AI 的崛起，曾與陳正然（現任中華民國無任所大使）、吳俊興（現任高雄大學資工系副教授）等人共同創辦臺灣第一個入口網站——蕃薯藤的蕭景燈，有一種特別強烈的既視感，他彷彿再度看到三十年前網路崛起的景象；不過，因為所處環境與位置不同，他的心情也顯得五味雜陳……看到生成式AI的發展，確實勾起過去創業時的熱情，但從國家政策與整體競爭力的角度，卻伴隨著許多不安與憂心。

蕭景燈回憶說，一九九三年當WWW網路開始萌芽，他跟陳正然及吳俊興三個人搞定基本架構，加上一些學界老師提供額外資源，蕃薯藤就從無到有誕生了；「當時就像在一片荒土上蓋房子，一開始慢慢蓋、偷偷蓋，等我們把房子蓋起來大家就看到了；但生成式AI完全不同，所有人都挾著資源，已經在蓋房子了，臺灣一定要加速建造，趕快把人、機具投入，比別人慢就輸了！」

不過，當初成立蕃薯藤，與這次投入臺灣自主開發的生成式AI引擎，有著同樣的出發點。「臺灣人應該看到臺灣的東西。」蕭景燈解釋，就像現在生成式AI有ChatGPT、GEMINI；當時搜尋引擎也有雅虎。不過處理非英語系的語碼檢索品質較弱，而且存在相當的城鄉差距，例如當年只能搜尋到華納威秀影城，但找不到鄉下的二輪戲院。

如果採用國外的大型語言模型，一定會被簡體字的邏輯所淹沒。即使臺灣資料被納進全球資訊範圍，還是呈現國外觀點，例如鴻海創辦人郭台銘、台積電創辦人張忠謀會被搜尋到，但高雄某家在地的冰店老闆就不會被搜尋到。

「這跟三十年前做搜尋引擎的心情一模一樣，」蕭景燈強調，當時發現 WWW 發展沒有極限，竟然可以無限堆疊！臺灣一定不可錯過生成式 AI 的浪潮，倘若現在沒有打下基礎，後面更不可能堆疊上去。

那麼，AI 會不會重演網路泡沫化的故事？蕭景燈在二〇二三年的一整年，反覆在思考這個問題，也看了許多討論文章，直到他在二〇二三年底看到加拿大作家 Cory Doctorow 所寫的一篇評論文章「Pluralistic: What kind of bubble is AI？」（AI 是什麼樣的泡沫？）「頗有深得我心之感。」蕭景燈說。

這篇文章提到，二〇〇〇年網路泡沫化之後，投資人退場，多數 dot-com 公司不支倒地，只留下伺服器、辦公裝潢與空間，除了這些硬體設備、頻寬等基礎建設外，最重要的影響是留下一群懂 web 的年輕世代，這群人未必是念電機或資工，但都會用 HTML、Perl 這些軟體工具。這群人後來都成了行動網路與雲端產業的先鋒，也漸漸形成 Google、Amazon、Apple 這些全球企業。

現在的 AI 頗有當時的況味，風潮帶動一些新創企業，但新創本身會不會賺錢並不那麼重要，重要的是這些基礎建設與人才，將會引領未來三十年，即便有一天 AI 走向泡沫化，依舊會在不同領域持續產生影響。

「當看到 Cory Doctorow 這篇文章後，突然喚醒我當初創辦蕃薯藤的心情了，更確信我們自己的生成式 AI 這件事一定要做，」蕭景燈以非常堅決的口氣說，希望臺灣的 AI 引擎無須仰賴國外，而能走出一條屬於自己文化特色的路。

十四天拍板定案

二〇二三年的農曆過年比較早，年假後的首個上班日一月三十日，李育杰因家庭因素要辭去科技辦公室副執秘的職位，他前往政委辦公室向吳政忠道別。同時，也為了一吐他心中一件放不下的事。

中國的短影音平臺「抖音」形成某種文化侵略隱憂，百度也在二〇二三年初宣布將在三月推出「文心一言」大型語言模型，一旦上線，部分臺灣民眾可能會去使用，政府也無法管控，這將構成國家安全的問題，屆時中國不僅知道臺灣人在想什麼，還會在無形中指導我們該怎麼做。

整個年假，這個縈繞腦海的想法揮之不去，他建議國科會應該著手發展繁體中文的生成式大型語言模型，如此不但能提高臺灣的資訊安全，防止假訊息傳播與認知作戰，同時也能培育 AI 領域人才。

他向吳政忠報告這件事後，兩人一起走到門口，並沒有多說什麼，但吳政忠顯然已經理解整件事情的重要性——如果要保有自己的知識體系，運用繁體中文本身的思維與表達方式，自行開發大型語言模型勢在必行。

二月十三日國科會舉行新春記者會，吳政忠就向媒體公開表示要發展大型生成式語言模型，隔天西洋情人節，更找大家開會討論。李育杰當天透過視訊會議參與會議，再次強調臺灣發展大型語言模型的重要性。

從一月底到二月中，僅僅十四天的時間，吳政忠就確立了這項重大決策，「對他來說應該是八年來決定最快的一件大事，」李育杰這麼說。

網羅國內頂尖AI團隊

李育杰過去曾與一些專家討論過，對於要如何做一套大型語言模型大致有譜，但壓根沒料到吳政忠會讓他來帶領這項計畫，要啟動時還是有些手忙腳亂。

「我知道這計畫一定要有人做，但絕對不可能只靠我一個人的力量，」李育杰、蕭景燈等人分頭去網羅國內自然語言處理（NLP）最頂尖的人才，包括國家實驗研究院、數位發展部、中研院、各大學教授及各領域專家們都陸續加入，在四月底計畫正式啟動前，團隊已經大致到位，包括核心模型訓練、資料取得與標註、應用服務平臺、高速運算資源與技術支援等小組的成員，都是國內一時之選。

為了加速開發時程，團隊一開始就決定要採用開源模型，第一版採用的是法國開放模型Bloom，能夠在四十六種自然語言和十三種程式語言中生成文本，擁有一千七百六十億個參數，超越了當時擁有一千七百五十億個參數的ChatGPT。

因為採用開放模型，整個架構、每個參數數值都是公開的，很容易將其串聯起來，有了開放模型，再將爬取所得的語料數據灌進開源模型中，針對中文語料加強訓練；相較而言，ChatGPT 雖提供示範和 API 使用，卻沒有公開模型本身，開源與封閉的差別顯而易見。

這時團隊發現 Meta 推出了一個更小的 Llama 模型，當時只有七十億個參數，經評估後認為較小的模型訓練中文語料或許更為合適，於是當機立斷，放棄 Bloom 而改用 Llama；經過兩、三週的測試，團隊比較 Bloom 與 Llama 兩者的效果，Llama 明顯占了上風，也證明團隊的選擇無誤。

打造可信任AI引擎

吳政忠相當關心這項計畫，不僅親自出席重要會議，也多次對外表達臺灣自主推動生成式 AI 的決心。二〇二三年三月二十八日，他在「臺灣 AI 展望與布局記者會」上，提及生成式 AI 蓬勃發展，將對人類社會造成結構性衝擊，因此國科會將以厚植可信賴 AI 卓越研究能量為目標，打造臺灣成為國際級 AI 研發聚落。

隔天，國科會更邀請產業界與學術界代表舉辦「臺灣發展生成式 AI 產學跨界討論」會議，大家一起共同研商如何聚焦臺灣特色；產業界代表看好生成式 AI 的運用對各行各業有正面助益，也期待政府能投入開發可信賴的基礎模型，對於業者與社會大眾都將更具公信力。

吳政忠在會中特別提醒，不要把它稱為「台版 ChatGPT」，因為這項計畫的目標並非要跟國際大廠的通用型服務相抗衡，而是要開發一套適合臺灣、可信任的 AI 對話引擎，讓政府部門或民間機構能夠在專屬需求下有各類應用的對話模型，提升臺灣各領域掌握自主性的能力。

在那場會議上，經過熱烈討論，最終這項計畫被命名為 TAIDE（Trustworthy AI Dialogue Engine），中文意思是「可信任人工智慧對話引擎」。李育杰解釋說，引擎的概念是指：它不是一輛汽車，而是在特定應用場域時，可以自己加上所需的車殼、輪子等客製化組件，與 ChatGPT 這樣成熟的生成式 AI 服務，還是有所區隔。

TAIDE團隊的精彩幕後

在TAIDE開發過程中，有一組紀錄片團隊用影像記錄了TAIDE從無到有的歷程。紀錄片的製片楊蓓薇坦言，一開始接手這支影片，以為僅僅是記錄一個新奇的科技題材，但隨著跟團隊一起開會工作，慢慢發現每位教授與年輕團隊菁英的故事，才是最精彩的；「這群臺灣頂尖的教授團隊，不畏懼預算少、資源少、算力少的重重挑戰，還要承受來自外界的質疑與壓力，即便如此，他們突破了一道道難關，在短短一年完成了這項任務，他們的堅韌與視野是最值得記錄的！」

從二〇二三年十月起，紀錄片團隊就參與TAIDE計畫的週會，包括研發的指導教授團隊、模型組、應用組、算力組、資料組等，每次線下與線上參與的成員都多達二十多位，一直到二〇二四年五月完成計畫為止。「每次會議都聚集著AI領域的頂尖專家，無論他們身處國內還是國外，跨越多少時差，他們都準時參與。這些學者專家在各自的專業領域早已聲譽卓著，但在這個計畫中，他們總是以非常謙卑認真的態度，推進TAIDE計畫，會議中他們明白前路充滿

TAIDE開發團隊定期開會。

挑戰，甚至有失敗的風險。每一位都發揮自己的專長、堅持和信念。帶著學生團隊、年輕的工程師團隊、對每一個標準嚴格審視，深入討論各項決策，畢竟TAIDE 做出來的成果是會實際提供百工百業應用，影響國家未來發展的，不是僅僅停留在學術研究。」楊蓓薇有感而發地說。

化解所有的質疑與雜音

在推動 TAIDE 計畫的過程中，各界的質疑聲浪從未停過，最常見的聲音就是：市面上已有那麼多大型語言模型，翻譯工具也非常普遍，為何臺灣還要做一個繁體中文版的引擎？

還好團隊老師都非常堅定自己的信念。臺灣大學電機工程學系副教授李宏毅強調，如果有那麼多 AI 模型可以選擇，卻沒有一個可信任的版本，將是一個很可怕的情況；臺灣大學資訊工程學系教授許永真也表示，我們是國際社群的一員，我們有職責、也應該肩負起這項任務，我們也相信自己可以做到。

中央研究院人文社會科學研究中心研究員暨國立中央大學資訊工程學系教

授蔡宗翰則以「勇氣之旅」來形容這項任務，自己很像當年的哥倫布，拿到國王的一點點預算，要展開一趟航海的冒險任務，雖然不知道目的地在哪裡、結果會是如何，但為了避免AI人才斷層風險、掌控AI服務存取權，還是決定勇往直前。

另一方面，因為資源有限、不斷跟時間賽跑，團隊的壓力排山倒海而來。身為計畫召集人，李育杰頂住了無數的壓力，他自承也曾考慮過要中途放棄，更害怕最終可能失敗收場。一位學界好友跟他說，「預算那麼少，怎麼可能做得出來？」但他每天都告訴自己，如果不做，這個計畫很可能就會胎死腹中，那麼他對未來的擔憂都會成真。

「我在想的不只是如何用有限的預算完成目標，還要說服自己為何要繼續做下去！」李育杰苦笑著說。後來他想到一個說服自己的比喻：一台價值幾千萬的高級音箱，可以在大空間內完美重現各種樂器和人聲，我們沒那麼多錢，但還是可以做出一台小而美的精緻音箱，在小房間中自娛娛人。

所以TAIDE無意包山包海，而是設定了五大任務：中翻英、英翻中、寫短文、寫信、摘要，還有其他一些小功能，「我們並未期待它像 ChatGPT 那樣什麼都會，那就像是千萬級的音箱了，我們只設定這幾個辦公室生產力常用的功能。」事實證明，這樣的聚焦策略成功了，團隊做出的 TAIDE 不僅精緻出色，而且雅俗共賞。

TAIDE 計畫時程的壓力不僅來自內部，連外界都緊盯著。「我接受彭博的採訪，國外電視新聞也都有報導，全世界都知道我們要在二〇二四年四月份釋出 TAIDE，」李育杰的擔憂可想而知；尤其 AI 世界的變化太快，「我們無法像蓋房子一樣按圖施工，而是必須跟著趨勢在跑。」團隊先後測試過 Bloom、Llama、Llama2、Mistral，累積了相當的經驗與能量，才能在 Meta 釋出 Llama3 的短短四天內，就將 TAIDE 從 Llama2 升級到 Llama3 版本。

團隊不僅要面臨技術上的種種難題，還得面對內外部的種種雜音，每天必須去應對與回答，還要完成自己的任務進度，顯得特別艱難，所幸後來一一克服了這些難題，正如國網中心主任張朝亮所說：「我們讓種種質疑都安靜下來了。」

不只用跑的　更想用飛的

輝達創辦人暨執行長黃仁勳曾鼓勵臺灣大學畢業生：「跑起來，別用走的。」但在楊蓓薇眼裡，TAIDE團隊中的老師不只是用跑的，甚至想要用飛的。

「雖然我們是國家隊，但國際的算力競爭相當激烈，臺灣的國家資源仍顯不足！」李育杰透露，為了發展TAIDE計畫，團隊採購了七十二片輝達（NVIDIA）H100 Tensor核心GPU，相較之下，法國新創獨角獸Mistral創辦人在社群平臺宣稱「只」採購了一千五百片H100，光是AI晶片的成本就比我們多出二十倍之多，而Meta為了Llama 3更是購置了二萬四千片H100。

TAIDE對話引擎初步成果發表，產官學齊聚見證。

在競爭如此激烈、資源差距懸殊的算力競賽中，TAIDE 團隊仍展現出驚人的執行效率與使命必達的決心，一齊朝著同樣的目標邁進。

開發到一個階段，由於部分需要訓練的資料必須取得授權，或遇到授權方不願配合，或因價格談不攏，導致在短時間內沒法達成協議，研發進度有點卡關，團隊老師也各有不同的意見與堅持，這時李育杰突然有一次在會議中拋出一句話，「我要想想是不是應該評估一下這個計畫的止損點」；話才說完，包括許永真在內的許多老師們都充滿決心地跳出來說：「沒問題的！我們一起來想辦法解決問題。」

這個場景深深打動了楊蓓薇，「這個團隊總是這樣，難免某個人某個階段陷入低潮，但在關鍵時刻總會有其他人跳出來，聚集團隊的智慧力量，讓大家同心協力找到突破口，一同走出困境。」李育杰就以自己喜歡騎腳踏車的經驗說明，「其實爬坡相對陡的地方，快騎不動的時候，如果停下來，那個點往往是你要再啟動最困難的點。所以那時，你一定要想盡辦法撐過去。」

從問號到驚嘆只花一年

二〇二四年五月三日，國科會舉辦了「TAIDE 一年有成，公私協力共同推進具臺灣特色之大型語言模型」成果發表會，吳政忠在臺上致詞時表示，二〇二三年三月當這項計畫即將啟動時，所有人都滿臉問號，認為不可能達成；還好靠著李育杰組成學研團隊，獲得十多位教授加入，並獲得業界支持，在產學研三方共同歷經一年的演練後，有人才、有資料、有算力，TAIDE 順利在二〇二四年四月十五日釋出。

來到現場的人都感覺到，這不僅是一場成果發表會，也是一場充滿臺灣味的 AI 嘉年華，來自產學研各界、不同世代的 AI 人才齊聚一堂，從會場延伸到走廊上的攤位上，各單位秀出與 TAIDE 有關的 AI 應用與成果，證明 TAIDE 絕對不是與民爭利，而是讓產業與民眾都能共享美好果實的利器。

事實上，TAIDE 計畫一開始並沒有規劃要支援鄉土語系，但會議中有人建議，為了實現語言平等與文化包容的價值，可以考慮納入台語與客語的模型，於是李育杰找上從二〇一八年就開始建立台語語料庫的廖元甫老師，團隊再利用做好的繁體中文模型，訓練出台語、客語版本。後來，李育杰陸續接觸到德國與歐洲的訪問團，他們對TAIDE模型支援台語與客語這件事都留下深刻印象，成為TAIDE的亮點之一。

「我之前從來沒想過，在制定國家級科技政策時，也能照顧到語言包容的層面，」李育杰有感而發地說，歐盟有二十七個國家，他們希望在二〇三〇年前把四十種語言都數位化，落實語言平等，所以當他們發現TAIDE計畫不只涵蓋繁體中文，還關注客語、台語這些母語教育，都覺得很有意義、值得學習，「對我們來說，增加這些功能的成本很有限，但卻是一個很好的賣點。」

實現垂手可得的生活應用

除了語言版本很親民，使用裝置的門檻也很低，吳俊興帶領的團隊推出了預載TAIDE模型的Kuwa GenAI OS，這套壓縮版本可在手機、平板、筆電、桌機上運作，實現了全民共享的目標。

蕭景燈解釋，Kuwa[註]是一種把基礎模型加以運用的編導系統，就像是一個舞台，將ChatGPT、Gemini、TAIDE這些演員都請上臺，然後出問題考驗大家，讓大家扮演自己的角色，這樣的編導系統可以讓生成式AI獲得充分運用的機會，而且具體落實到使用情境中。例如可以假設一個情境：讓每個引擎撰寫一篇新飲料的廣告文案，然後找一些有趣的場合去推廣，短短兩分鐘就能完成三個月的行銷企劃內容。

過去大家以為這種大型語言模型一定要在雲端運作，但吳俊興在TAIDE第一版推出後，就透過資料壓縮技術推出壓縮版本，無須連到雲端只要一台電競筆電就可運行，不但可以避免機密資料外洩，也讓個人及各行各業都能輕鬆使用生成式AI服務或開發創新應用。

註：自由多元是Kuwa的主要特色：支援多語言，使用者可以對選取的不同模型或Bot應用同時進行群聊，可以隨意引用訊息或指定回答，視需要切換單輪或連貫問答；系統可以跑在桌機、筆電、伺服器或是雲端容器，支援Windows及Linux；模型或應用可以分散式布署在地端或雲端，或是用API串接外部商用模型；Kuwa支援彈性的群組權限管理，以及多種帳號申請建立方式，包括使用邀請碼、串接認證API或LDAP等，可直接用來對外提供商用服務。

楊蓓薇回憶拍攝紀錄片的過程，有兩個畫面令她記憶猶新。一次是看到吳俊興帶著兩個學生首度展示 TAIDE 在 Kuwa 平臺上的應用；她原本以為 TAIDE 只是一個引擎，沒想到已經能在筆電上應用，而且可以在 Kuwa 上串接多種不同國家、不同語言的模型，已經是垂手可得的生活應用的 AI 助理，一點都不遙遠。

再來就是在 TAIDE 成果發表會的當天，楊蓓薇看到人稱「哈爸」的 TAIDE 計畫專案經理許武龍，一直默默地獨自站在大會議室的柱子後面，認真地看著逐一上臺報告的成果，突然覺得這位平時嚴格監督大家進度的哈爸，臉上浮現了像是父母第一天把小孩送到幼稚園那種五味雜陳的表情；一方面覺得孩子終於長大獨立了，但同時又因孩子要離家而依依不捨。她問哈爸是不是有點捨不得，哈爸語帶輕鬆地說：「就是完成計畫嘛！還能怎樣呢？」但楊蓓薇心裡很清楚，將多層理論付諸實踐必須克服的層層難關，而在這樣的壓力下，計畫仍需保持計畫步調準時前進的辛苦。

二〇二四年除啟動「推動各產業導入生成式AI先期計畫」，同時也舉辦「二〇二四GenAI產業高峰論壇AI生成・無限可能」。

登上國際舞臺那一刻

二〇二三年十一月，全球首次人工智慧安全峰會（AI Safety Summit）在英國倫敦召開後，不僅是政府，相關產業及學術界，都對AI道德、規範及安全等議題加倍提高關注。李育杰在週會上才說，臺灣的TAIDE不能缺席AI議題的國際會議，十一月二十九日許永真就抵達倫敦，代表TAIDE出席Meta舉辦的全球AI會議，不是以觀察者，而是以研發者的身分，具有可信任的對話力量。「TAIDE研發才半年，就跨出國際的第一步。深深記得許永真老師在倫敦跟我們說，我們已經是在這個世界的 community 中間的一員。」楊蓓薇強調。

第二次則是在二〇二四年五月，由李育杰前往美國首府華盛頓特區參加由美國重要智庫「特別競爭研究計畫」（Special Competitive Studies Project，SCSP）舉行的「國家競爭力 AI 博覽會」（AI Expo for National Competitiveness）。

華府的這場 AI EXPO 跟其他 AI 展覽很不一樣，不僅美國國防與國家安全高層官員親自與會演講，也吸引了世界各地的 AI 政策官員、智庫、學者、產業代表共襄盛舉，由民主同盟夥伴共同展現運用 AI 各領域應用之成果，以及如何透過先進科技促進共同利益，共有超過一百五十個單位設立展位，兩天就有一萬三千多人次與會，臺灣由人工智慧卓越中心（Taiwan AICoE）代表參加，TAIDE 在四月正式釋出後在國際上首度亮相。

「這是 TAIDE 正式釋出後展開國際交流的第一步，第一站在美國的首府別具意義！」楊蓓薇強調。

而在這場展覽中，美國副國家安全顧問紐柏格（Anne Neuberger）在一場論壇中介紹美國正在亞洲積極建構的AI民主聯盟中包含臺灣，「我們（美國）建立非常聚焦且目標明確的聯盟，包括臺灣，日本，南韓[3]。」此外，一位任職於《外交政策》雜誌（Foreign Policy）的代表聽完李育杰介紹TAIDE後，也在會場直接邀請李育杰參加他們九月在聯合國大會期間舉辦的FP@UNGA80論壇。

一起築夢的過程

在這樣一個造夢的過程中，每個角色都缺一不可，他們不僅為臺灣完成了不可思議的夢想，也一起寫下了值得記錄的歷史。

因為看到大家的辛苦投入，吳政忠才會在發表會上有感而發地說，臺灣的人力、資源、資料都非常有限，跟OpenAI、國外其他大公司相比確有一段差距，但沒有開始就沒有機會成功，開始雖不一定會成功，但成功的機會是要靠大家努力創造的。

在吳政忠眼裡，生成式AI的應用不只在科技界，而是會席捲各行各業與百工百業，未來五年將翻轉全世界各個領域。TAIDE 將持續蒐集各知識領域的繁體中文資料，加強模型的繁體中文表達能力，身肩發揚臺灣文化特色的責任。

誠如黃仁勳所說，每個國家都需要擁有自己的 AI 基礎建設，藉以拓展經濟動能並保護自有文化。對於臺灣來說，TAIDE 的啟動只是個開端，在公私協力、產學研攜手之下，各界都期待這具引擎能夠與時俱進，更適合臺灣的環境，同時也有更多產學夥伴藉此製造出更多的「車」，駛向多采多姿的 AI 世界。

1 AI走出學術圈、獲得大眾的矚目，主要與下列幾件重大事件有關。

(1)一九九七年五月，IBM的「深藍」（Deep Blue）超級電腦，在第二次對決中首度擊敗世界西洋棋冠軍卡斯巴洛夫（Garry Kasparov），這是電腦首度在棋弈競賽中擊敗頂尖的人腦。

(2)二〇一二年被業界尊稱為「AI教父」的辛頓（Geoffrey Hinton），與兩名學生蘇茨克維（Ilya Sutskever）、克里澤夫斯基（Alex Krishevsky）建立了一個名為AlexNet的卷積神經網路（Convolutional Neural Network，CNN），透過機器學習展現強大的圖形辨識能力，隨後他們三人創辦的公司DNNresearch在二〇一三年被Google收購。

(3)二〇一六年，Google的DeepMind團隊打造的圍棋軟體AlphaGo，則是打敗南韓棋王李世乭，讓AI這個話題進入到常民生活。

2 臺灣的AI國家戰略早在二〇一六年底開始醞釀，經過二〇一七年七月的產業策略會議，宣示為臺灣AI元年，二〇一八年一月進一步推出四年期的「臺灣AI行動計畫」（二〇一八至二〇二一年），希冀透過軟硬攜手發展，全力推動臺灣AI產業化及產業AI化。「臺灣AI行動計畫二・〇」（二〇二三至二〇二六年）的重點，就放在善用AI來解決勞動力不足、高齡化、少子化、淨零碳排等挑戰，例如少子化會導致勞動力不足、高齡化社會等議題，可藉由AI提供生活輔助或開發第二專長，甚至設計陪伴機器人。AI已從功能開發的層次，提升到解決整體社會問題。

3 原文是：We build very focused purpose-filled alliances with key Indo-Pacific allies: Taiwan, Japan, South Korea.

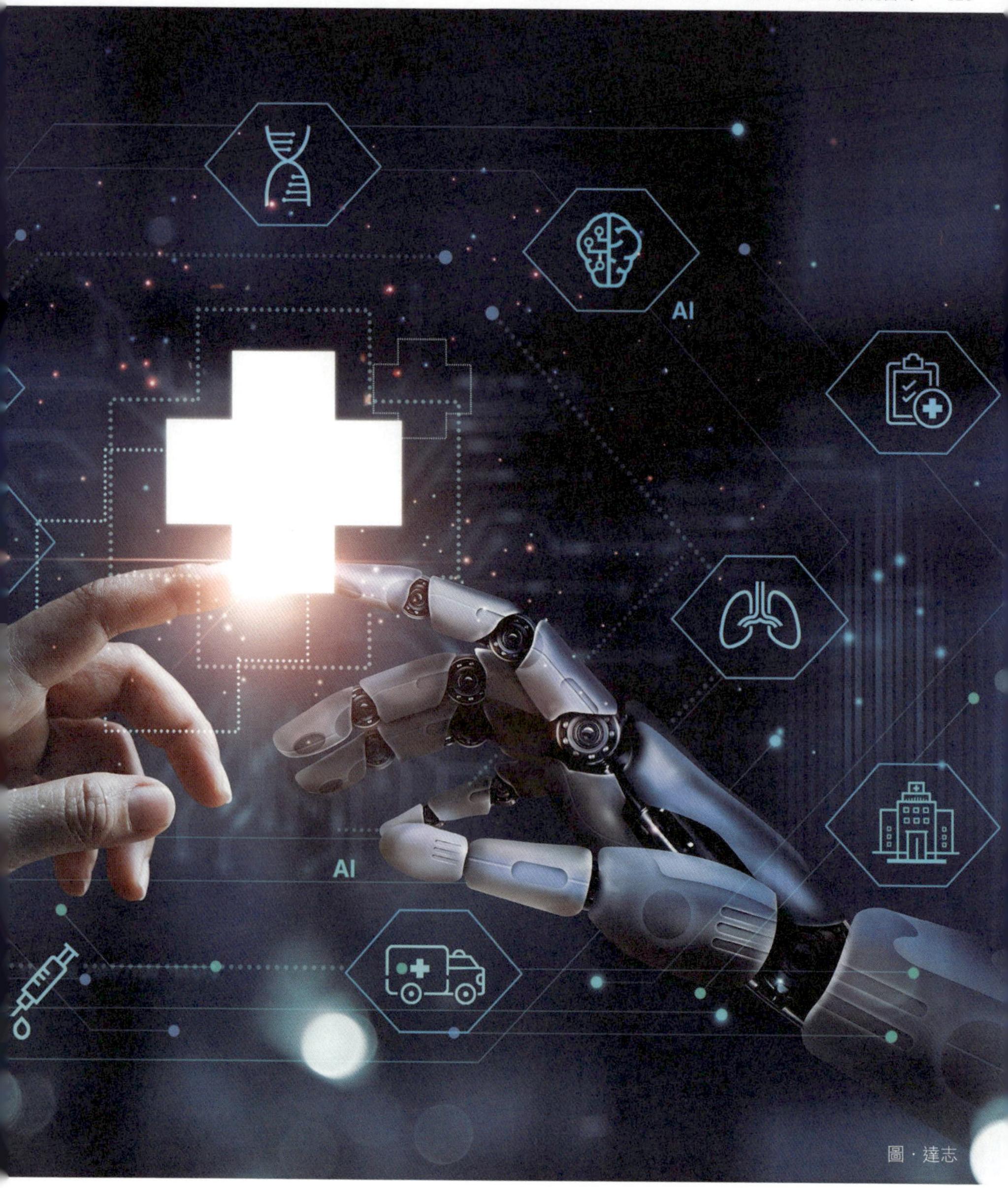

圖．達志

05

從平行到交會：生醫與資通訊碰撞的新火花

二〇一七年六月底，在美國洛杉磯的機場貴賓室，等候轉機的吳政忠與當時的行政院科技會報辦公室生衛醫農組組主任劉祖惠，展開了一場看似尋常但又很不尋常的對話。

當時吳政忠跟劉祖惠都是前往聖地牙哥參加一年一度的全球生技展覽盛會——「北美生物科技產業展」（BIO International Convention），劉祖惠才接任該職位兩個月，正在籌辦二〇一七年「行政院生技產業策略諮議委員會議」（Bio Taiwan Committee, BTC[1]），吳政忠對電子業相當熟稔、但對生技業相對陌生，他利用空檔詢問她對生技產業的看法。

「我記得那個轉機返臺的時間，大約有兩個小時，但他很認真在問我問題，想要了解我的觀點，還有如何找到解決方案，」劉祖惠回憶說。她看著貴賓室的旅客輕鬆地拿著點心與咖啡休息聊天，但她卻如坐針氈、小心翼翼地回答長官的問題，兩個小時對她來說，無疑是超級漫長。

現在回想起來，那場有意義的對話，不但為二〇一七年的BTC會議定了調，也影響後續生醫政策的規劃和推動，吳政忠提出了Bio-ICT的生技政策全新戰略主軸，加強生技、醫療與資通訊（ICT）三大產業的跨領域合作，一步步進入落地實現。

突破生醫產業的困境

回顧臺灣的產業發展歷程，生醫產業一直受到許多關注。生醫領域攸關醫藥衛生及健康服務，與民眾福祉息息相關，其重要性自然不在話下，歷任政府也都投入大量資源，然臺灣擁有舉世聞名的健保制度與優質的醫療服務體系，也有可觀的學研成果，但產業化的成績卻始終未如預期。

早在一九八二年，時任科技政委的李國鼎，考量臺灣的環境條件及國際競爭生態，力主臺灣應投入遺傳工程技術開發，行政院在全國第二次科技會議中宣布將「生物科技」列為「八大重點科技」之一[2]。一九八四年成立「財團法人生物技術開發中心」，一九九五年行政院也通過「加強生物技術產業推動方案」，迄今已有四十多年的歷程。

近幾年生醫產業發展得風風火火，但過去很長時間以來卻是走得跌跌撞撞，「一方面國內生醫產業十分仰賴規模不大的內需市場，一方面則是產業發展與全球技術創新以及整體生態系有落差。」劉祖惠歸納出兩大原因。

大多數臺灣生醫公司規模較小，主要產品為在全球市場缺乏足夠的價值和競爭力，尤其生醫產業是知識與技術密集、法規門檻高、資金投入大、研發期長的產業，如果沒有長期穩定的投資者和具有市場利基的題目，失敗率很高；「臺灣可投資的產業很多，資金會有排擠效應，如果無法承擔較高的風險，生醫業就不易找到源源不絕的資金活水。」

BTC會議的瓶頸

BTC會議的目的，是邀集產學研醫各界共同討論臺灣未來生醫政策發展藍圖，但多年來經常聚焦於法規監管鬆綁與爭取更多資源配置等議題和細節，行政部門受限制度和預算等不同立場考量，對各界提出的問題無法直球回應，往往陷入年復一年的無限迴圈。

久而久之BTC會議的重要性降低，有時行禮如儀，有時爭鋒相對，「爭論沒有提供有效解方，亦無法回應產學研醫界的期待，不管是民間或行政部門，都處在相對挫折的狀態。」劉祖惠這麼形容。

原因不難理解，因為傳統生醫業者若以國內市場為主力，許多醫藥廠商仰賴健保給付或相關配套措施，但每年健保總額成長有限，壓縮了獲利空間，就會希冀更多的政策優惠、補助與支持；另一方面，新興生技業者則是期待政府重視藥廠，希望提供更多本土市場測試練兵的機會。

打造新藥快速研發中心難竟全功

曾任中央健康保險局總經理、行政院衛生署副署長的張鴻仁，經歷橫跨產、官、學界，長期參與 BTC 會議，經常對臺灣健保政策與醫療體系毫無保留地提出針砭，他也認為臺灣過去生醫產業的發展，的確有一些無法突破的限制條件。

張鴻仁回憶說，BTC 會議從二〇〇五年開始舉辦，前幾年最常討論的議題之一就是主責機關，與會代表都在期待，臺灣能夠成立一個像美國 FDA 這樣的機構，認為如此一來，就有機會打造臺灣成為新藥的快速研發中心，業者新藥做到第二期臨床試驗後，就趕快「出海」，授權到海外市場去。

但理想很豐滿、現實很骨感，即使有了食藥署（TFDA[3]），卻始終沒有發展出預期中的功能與效果。

「現在回顧起來，這個企圖並沒有成功，」張鴻仁說，「臺灣市場太小，因此 TFDA 核准的藥品在全球價值不高，相較於美國、日本及中國，TFDA 的成立並不能建立一個相對完整的產業供應鏈體系。」

電子業做得到，生技業呢？

臺灣的電子業經營得有聲有色，許多人習於拿生技業與電子業來比較，總是問：「臺灣的電子業做得到，為何生技業做不到？」其實是因為不同產業在本質上有著南轅北轍的差異。

張鴻仁分析，電子業有明確的產業分工體系，且集中度相當高，一個鄭州廠生產的 iPhone 就能供應一半的市場需求，讓製造代工的體系得以充分展現成本優勢；生技製藥產業則截然不同，藥品有成千上萬種，全球大型廠通常也只擅長聚焦某幾類藥物，每家藥廠長處不同，使得製藥業高度分散；再以醫療器材為例，從口罩、紗布到注射針、大型設備，也是種類繁多、非標準化，難以建立類似電子業的產業鏈分工模式。

生技產業前仆後繼，前後達四十多年，總有兩派聲音：一派主張研發新藥，另一派認為臺灣電子業很強，發展醫療器材大有可為，但臺灣的醫療器材產業始終並未成形，主要是產業規模相去甚遠。

「臺灣人很會做產品，市場太小卻競爭激烈，如果沒有好的商業模式，根本難以存活，」張鴻仁一針見血地說。

「我們每次拿醫療器材的設計規格給電子業，他們問要幾台？我們說三台，他們說 MOQ[註] 要三百萬台才行，」張鴻仁苦笑說。醫療器材的規格是隨著不斷的人體試驗而持續改進設計，最後定型進行最終測試，這種少量多樣的訂單特性及產品創新的本質，不存在臺灣電子業的 DNA 中。

註：MOQ（Minimum Order Quantity），指最少訂貨量或最小訂購量。

「臺灣人擅長代工，善於將別人發明的東西製造成本控制得很低，但生技業的供應鏈，跟電子業長得完全不一樣，可以說生技產業是臺灣人不太擅長的模式，這麼多年來，我們一直摸索，不太知道如何走好這條道路，」張鴻仁有感而發地說。

擬定 Bio-ICT 的全新策略

這樣的產業背景，讓臺灣的生技發展一直陷入膠著，李國鼎在擔任科技政委時推動的兩大支柱產業——電子業與生技業，雖然在大致同樣的起跑點出發，但後來兩者差距愈來愈大，生技業幾乎看不到電子業的車尾燈。

那麼，有沒有可能讓電子業與生技業攜手？

二〇一六年擔任科技政委後，吳政忠只要有機會就會諮詢專家學者關於生醫產業的建議，「我是生醫門外漢，不懂就要問呀！」他笑著說。他認為每年召開的 BTC 會議是很好的機會，可以為生醫界找出更具建設性的解決方案；他明確告訴劉祖惠，希望在 BTC 推動生醫產業各個層面跨領域整合，這其中自然也包括生技與電子產業的合作在內。

吳政忠發現，臺灣在生醫領域的市場與產業規模相對較小，無法與以外銷為主的電子產業相提並論，但醫療服務與科技產業都有很好的優勢，尤其全球正在掀起數位醫療、智慧醫療的浪潮，資通訊科技在生醫領域擁有極佳的應用潛力。

因此他大膽提出 Bio-ICT 的戰略，主張把醫療跟資通訊產業、科技大廠結合，讓科技帶動原有的生醫產業如藥品、醫材、生技及健康服務等。

美國全心醫藥生技總裁兼執行長周慧泉，也在 BTC 成為吳政忠諮詢的對象。她認為全世界沒有多少國家有辦法把 Bio 跟 ICT 兩者結合，美國是其中一個強大的例子，是因為美國有矽谷的 ICT 和舊金山灣區的生醫產業，而臺灣擁有 ICT 的技術強項，不管是監測技術或穿戴裝置，都在全球占有一席之地。

「這可以成為臺灣生醫產業的差異化特色！不管是照顧本地產業需要還是成為全球基地、再造一座護國神山，Bio-ICT 都是值得發展的方向，是一個很好的切入角度。」

周慧泉曾在頂尖藥廠服務，很強調「客戶」的觀念。「在生醫產業中，病患、醫院，都可能是客戶。藥廠、新創、資訊廠商，需要一個中立者作為連結點，」美國有大型醫療研發機構，臺灣呢？「政府願意出面整合，促成一個完整的生技生態系統，是很好的連結力量。」

業界普遍都相當支持 Bio-ICT 的方向。張鴻仁表示，Bio-ICT 的結合是從臺灣擅長的製造與製程切入，結合數位科技的基礎，藉此產生綜效，一方面向電子業取經，擴大生醫領域的規模，另一方面也支持並激勵原本的生醫業者找到出路，的確有機會改變生醫產業的結構。

將生醫業、電子業送作堆

劉祖惠從 BIO 二〇一七年返臺後，距離 BTC 的預備會議僅剩兩個月，為了提出全新的策略方向，她大幅度調整原先的規劃設計。過去 BTC 會議是由衛福部、經濟部、科技部（國科會）就其執掌個別處理，行政院科技會報辦公室負責彙整，但吳政忠希望科辦扮演更積極的角色，發揮領頭作用，不僅要導引資通訊、光電等產業的專家進到 BTC 會議擔任引言人，更要明確揭示出 Bio-ICT 的戰略方向，展現出全新的氣勢與氣象。

對劉祖惠來說，那兩個月的籌備工作格外辛苦，不僅因為時間緊迫，更因為生醫與電子業的產業生態與文化截然不同；以往兩個領域幾乎是處在平行時空，如今要把雙方送作堆，甚至要促成合作，遠比想像中還要困難。

「那時候我滿痛苦的，我連電子業有哪些重要公司都不清楚，」劉祖惠笑說。後來「行政院數位國家創新經濟推動小組」提供廣達、緯創、華碩等電子大廠的高階主管名單，這些公司與領導者都大有來頭，但隔行如隔山，她必須先做功課才知道誰是重要關鍵人物；因為過去從未接觸過，一開始根本找不到人，即便想盡辦法聯絡到這些意見領袖的祕書，他們對於自己受邀參加生醫產業的會議都頗感納悶，因此頻頻碰壁。

不只電子業界覺得格格不入，就連生醫界也是滿臉問號，「原本討論多年的議題都沒解決，現在卻邀請與生醫無關的人來參加我們的會議，講好聽是突破傳統，講難聽是不務正業，」這樣的雜音不在少數。

所幸，經過一番努力，生醫與資通訊合作的倡議，陸續獲得一些重量級意見領袖的支持，從二〇一七年以後，BTC 會議[4]不時就會出現一些大家很熟悉、但過往不會出現在這個場合的面孔，像是時任華碩健康總經理、現任華碩雲端暨台智雲總經理吳漢章、廣達電腦技術長暨廣達研究院院長與醫療事業部總經理張嘉淵、臺灣 AI 實驗室創辦人杜奕瑾、前 Google 臺灣區分公司總經理簡立峰、NVIDIA 全球副總裁暨臺灣區總經理邱麗孟等人，而包括廣達集團董事長林百里、宏碁集團創辦人施振榮、鈺創科技董事長盧超群等電子業大老，後來也都成為 BTC 會議的主旨講員（keynote speaker）。

BTC會議氣氛的微妙轉變

二〇一七年 BTC 會議首度引進 AI 主題，二〇一九年又提出臺灣精準健康產業倡議，其他像是智慧醫療、再生醫療、精準醫療、遠距醫療與照護等趨勢，以及生成式 AI 的崛起，都讓生醫產業跟資通訊產業慢慢地自然而然握起手來。

經過這些年的討論交流，關注或參與 BTC 會議的人士都發現，過去會議中瀰漫的對立氣氛逐漸改變了，取而代之是對跨領域合作的期待，看似不相干的生醫與資通訊產業，開始以積極且友善的姿態逐步靠攏對方；時至此刻，電子大廠無論是成立新部門、衍生或投資新創公司，多已跨足生醫或健康相關領域，而生醫業也大舉吸納資通訊的能量，即便還稱不上是水乳交融，但至少已經產生正向而健康的交流。

國家生技醫療產業策進會（簡稱生策會）就是一個很好的例子，其為國內知名的生醫產業團體，過去理事會成員清一色都是生醫業者，但二〇一九年首度有電子五哥代表加入理事會，後來則有更多電子大廠列入理監事名單，證明政府積極推動 Bio-ICT 的方向，讓不同背景的人對話的努力，已經獲得各界的認同與重視。

醫院扮演重要場域

在 Bio-ICT 的大戰略下，自謙對生醫領域不熟的吳政忠，找到了絕佳的施力點，包括人體生物資料庫（biobank）、智慧醫療、精準健康、智慧醫材等計畫多管齊下，帶起了跨域合作的風氣，也讓臺灣生醫產業開啟了前所未見的視野。

不過，這裡頭還得仰賴一個非常重要的角色——醫院。

「過去醫院在生醫政策的角色相對薄弱，但如果將醫院視為產品或服務開發的試驗場域，醫院是非常重要的夥伴，不管是數位醫療或智慧醫療的投入，都需要一線醫師的參與、提供支持或回饋。」劉祖惠強調。

「為什麼必須把醫院拉進來？因為在精準健康產業裡，首先就要切入醫院。」吳政忠認為，過去不管是新藥和醫材的研發，多由大型藥廠扮演主導角色，但有許多需求與想法，包括精準醫療與細胞治療，醫院反而是最源頭，醫院應該站上第一線，跟相關產業攜手創造新的智慧醫療與精準健康產業。

因此，BTC會議在二〇一八年起又擴大邀請醫院加入，這象徵著生醫政策不僅重視基礎科研的成果，也希望醫療單位能在產業化的過程中發揮效果。

營造醫療創新的環境

然而，要讓醫院與產業之間合作，或者讓不同醫院體系之間合作，都不是容易的事，畢竟醫院主要職責是照顧病人，要把它當作試驗場域，鼓勵醫療領域的創新，會面臨許多有形與無形的阻力。

所幸，吳政忠一開始就做對了幾件事。第一是把醫院和電子業湊在一起，鼓勵大家對話，同時促使電子業回到最原始的試驗場域，更重視並回應一線的醫療需求；其次，他也邀請大量的國內外產業專家，在 BTC 會議提供智慧醫療、精準醫療的內涵與趨勢，以及如何思考、如何試驗，試圖把大家引導到共識的方向。

此外，國科會（科技部）也推動了一連串的跨域合作計畫，藉此推動智慧醫療跨院應用，以及醫院與產業雙方的交流與鏈結，例如二〇一九年由醫策會成立的「臺灣智慧醫療創新整合平臺」（Health Smart Taiwan, HST），主要使命就是促進醫療照護與資通訊科技的跨界整合，其採用獨特的「醫院出題、新創／廠商解題、醫療人員／病人受惠」的模式，帶動醫療創新服務。

二〇二二年則是進一步推動「智慧醫療產學聯盟計畫」，針對精準健康、遠距照護、精準醫療等領域，鼓勵發展跨醫療院所的全方位解決方案，希望在臺灣打造智慧醫院及指標示範場域，或者將智慧醫療解決方案輸出到國際市場。

「如果沒有智慧醫療的推動，ICT 結合 Bio 不會真正發生。」曾任國科會副主委、負責督導生醫業務的陳儀莊透露，臺中榮總院長陳適安有次興奮地告訴她，因為臺中榮總全力發展智慧醫院，所有行政系統、數據傳輸甚至人力效率都獲得改善，他們爭取到的年度預算第一次超過臺北榮總，這足以顯示智慧醫療不是口號，而是實際正在發生的事！

根據美國新聞週刊（Newsweek）與 Statista 發佈的「二〇二五年度頂尖智慧醫院」評比，臺灣排名全球第十三名，共有臺中榮總、中國附醫、高雄長庚、高雄榮總等八間醫院入榜，較前一年增加四間，其中臺中榮總首度躍居百大，排名全球第九十九名。陳適安也在媒體訪問中強調，臺中榮總之所以受到全球智慧醫院評比的肯定，代表國內資通訊產業與醫療整合的成功。

二〇二三年生技產業策略諮議委員會議主軸為「前瞻生醫．全齡健康．智慧未來」，期待透過臺灣生醫公私協力，打造下一座護國神山。

證。

打造整合式人體生物資料庫

讓醫院體系之間從各自為政到攜手合作，人體生物資料庫也是另一個例

不管是發展智慧醫療、精準健康及再生醫學，檢體與數據都是相當關鍵的一環，吳政忠與幕僚團隊盤點後發現，除了中研院以外，民間有三十一個人體生物資料庫（現有三十五個），但分屬不同機構，即便二〇一〇年已通過「人體生物資料庫管理條例」作為生物檢體收集、處理及運用的法律規範，但申請程序相當繁複，更缺乏統合性的單位，導致運用效益欠佳。

有鑑於此，吳政忠決定規劃建立一個平臺，讓大家的資源可以分享，如此就可加速新藥或診斷治療的發展，但自二〇一七年底開始，先從衛福部及法人等管道嘗試推動，卻頻頻碰壁，得到的回應都是：「醫院體系不太可能合作」。

雖然對此感到有些氣餒，但吳政忠認為這是一定要走的路，因此決定親自出馬，逐一拜會臺大醫院、臺北榮總、長庚等指標性醫院的院長，也請醫策會、國衛院等法人一起協力，嘗試了解問題的癥結，經過一年半的努力，化解困難

並凝聚共識後，多數醫院都點頭同意。

二〇一九年共有十五家醫院率先加入，就正式啟動了國家級人體生物資料庫整合平臺的計畫，由國衛院負責執行，截至二〇二四年七月已有三十六個成員加入整合平臺，收納參與者達九十六萬人，可串聯健保申報資料、電子病歷、癌症登錄、罕見疾病等資料庫。

資訊系統與市場准入不再是障礙

在推動智慧醫療的過程中，仍有不少法規與制度面的障礙橫阻在前，其中業界舉其犖犖大者，一是資訊系統過於老舊、各醫院體系之間不能互通，二是智慧醫療器材的市場准入（market access）門檻很高，而解決這兩道障礙的鑰匙都掌握在衛福部手中。

為此，吳政忠積極協調衛福部，著手建立「次世代數位醫療平臺[5]」，協助醫院進行資訊的規格統一化；至於智慧醫材市場准入的問題，則從法規、場域到產品開發多方面改善，支持 TFDA 成立智慧醫療器材專案辦公室，並研擬

「智慧醫療監理沙盒」機制，透過政府補助醫院的做法，讓新興醫材獲得臨床驗證的練兵機會。

過往醫材公司要與不同醫院合作，必須分別通過每家醫院的人體試驗倫理委員會（Institutional Review Board，IRB）審查，讓醫材業者疲於奔命，且影響醫院導入新興醫材的時效；吳政忠推動成立「臺灣智慧醫療聯盟」（Taiwan Smart Healthcare Alliance,TSHA），由臺中榮總院長陳適安擔任召集人，加速智慧醫材跨院申請驗證的流程，業者如果跟聯盟其中一家醫院合作，其他醫院也可以同步進行跨院驗證。

至於智慧醫療監理沙盒，可以讓業界快速嘗試創新的智慧醫材及解決方案，同時也確保其安全性，如此可加速業者取得相關數據與銷售實績，讓臺灣成為其行銷世界的跳板。

新竹生醫園區從空城變滿租

打造建構完善的生醫聚落，是推動臺灣生醫產發展的另一個重點。位於竹北新竹生物醫學園區[6]的臺大分院生醫醫院及位於南港的國家生技研究園區[8]順利完工啟用，也對生醫產業產生了相當大的推動力量。

新竹生醫園區的臺大分院生醫醫院延宕了十多年，曾被視為燙手山芋。

吳政忠回憶說，他在二〇〇六年至二〇〇八年擔任國科會副主委期間，就聽聞竹北有新竹生醫園區的計畫，當時那裡還是一片荒涼，而臺大醫院很早就有意在竹北設立分院，「前後動土了四次，但一直沒有真正動工。」

國科會與相關部會全力推動精準健康產業政策，布局以AI或數據驅動的服務與產品、晶片跨域應用，為臺灣生醫產業開展新道路。

一晃眼十年過去，吳政忠在二〇一六年五月二十日擔任科技政委，蔡英文總統交付給他的第一個任務就是督導生技產業，當時新竹生醫園區的臺大分院依然難產。他與臺大醫院溝通後發現，儘管行政院開會協調過，並且編列預算，但臺大方面遲遲不願進駐的癥結有兩點：

首先，臺大醫院的醫師員額隸屬於教育部，但新竹臺大分院需要編制三百三十一名醫師，現有的員額配置顯然不夠；其次，臺大醫院擔心會虧損，因此希望政府在前五

二〇二四年第三生技大樓落成啟用，廠房申租率已達九十五%以上，以新藥委託開發製造及細胞醫療業者為主。圖．竹科管理局提供

年提撥每年八千萬元、總計四億元的補助金額。

吳政忠親自邀集相關部會進行協調，請教育部協助統計可撥用的員額，將沒有用到的一百九十九個員額全部撥給臺大醫院。但四億元的補助預算，卻卡在衛福部與教育部之間，為了協調不同部會的意見，有次甚至在會議中動怒。最終他扛起這個責任，拍胸脯說：我來負責這四億元！吳政忠跟主計長商量對策，這個問題才迎刃而解。後來證明，生醫園區的臺大分院一開始營運就能自主獲利，完全不需要政府補助，臺大醫院擔心的虧損問題根本沒有發生。

劉祖惠表示，根據國外的經驗，很多重要的生醫聚落附近都一定有醫院、大學和科技產業園區。醫院對生醫產業的發展扮演非常重要的角色，因此臺大醫院分院進駐後，第一、二、三生技大樓也都在七年內陸續興建，醫院吸引投資聚落的效應非常明顯。

事實上，早在二〇一六年，當時竹北園區內進駐廠商不多，但新竹臺大分院在二〇一六年九月動工，兩年內完工並於二〇一九年開始接診，快速吸引相關產業鏈的公司進駐，新竹生醫園區也變得炙手可熱。

至於「國家生技研究園區」是國內第一個跨產政學研共同進駐的國家級生醫研究生態圈，以新藥研發、再生醫療和智慧醫療為主力，包括中央研究院「生醫轉譯研究中心」、TFDA、國科會國家實驗研究院「國家實驗動物中心」、經濟部「生物技術開發中心」均進駐其中，中研院還在園區內成立了創扶育成中心，希望孵化創新研發導向的團隊，各界對於國家生技園區的發展均寄予厚望。

當時工程歷經多次展延，本身是土木專業的吳政忠，在二〇一七年至二〇一八年間，四次親往現場訪視，了解工程進度，協助克服各種困難，最終在二〇一八年十月十五日開幕啟用。

為生醫業開創新藍海

從常被揶揄「一日生科，終生科科」到如今，臺灣的生醫產業，終於開始看見曙光。

「生醫產業要長期發展，一般需要的是；科學、人才、資金，這樣是三腳板凳。把政府、政策、法規放進來是第四支腳。臺灣要加速生醫產業起飛，很需要這第四支腳。」周慧泉這麼形容。

劉祖惠說：「生醫界對這八年的轉變大多抱持正向的態度。因為運用政策的高度，導入跨領域的專業和能量，注入活力，大家可以共同找到更廣闊的新方向。」以迥異於傳統的方式去思考，突破現狀的思維，大刀闊斧的做法，才能開創不一樣的可能。

從政績到業績，或許還需要一段時間的發酵與轉化，但生醫業界都樂見臺灣生醫政策走出了一條新的路！即便這些科技政策不是強心針，但絕對可以當作催化劑；可以期待的是，當生醫產業引進愈來愈多的創新能量，不僅將實現兆元產值的目標，民眾也都能共享「健康臺灣」的願景！

1 為加強生技產業發展藍圖的規劃，並強化政策與資源統籌功能，行政院成立具國家政策位階的「生技產業策略諮議委員會」，自二〇〇五年召開第一次會議。主要希望藉此會議諮詢國家生技產業政策及發展願景、與對應之建議，並評估建議適合臺灣發展的重點方向，以及檢視建議生技相關投資策略及優先順序，最後作為推動生技產業的具體方向。

2 一九八二年一月，中研院和國家科學委員會（即現在的國科會）聯合舉辦「遺傳工程研討會」。李國鼎擔任研討會開幕致詞貴賓，表示「遺傳工程有可能被選為我國下一階段發展的策略工業。」同年行政院長孫運璿便在全國第二次科技會議中宣布，將生物技術列為我國發展「八大重點科技」之一（「科學技術發展方案」在一九七八年選定能源、材料、資訊、及自動化四項為重點科技，一九八二年增列生物技術、光電科技、食品科技及肝炎防治四項，合稱八大重點科技。）

3 衛生福利部食品藥物管理署（簡稱食藥署或TFDA），是中華民國衛生福利部所屬機關，二〇一〇年一月一日，《行政院衛生署食品藥物管理局組織法》施行，行政院衛生署食品衛生處、行政院衛生署藥政處、行政院衛生署藥物食品檢驗局、行政院衛生署管制藥品管理局合併成立「行政院衛生署食品藥物管理局」。二〇一三年七月二十三日，《衛生福利部食品藥物管理署組織法》施行，行政院衛生署食品藥物管理局改組為「衛生福利部食品藥物管理署」，負責食品和藥品的管理監督工作。

4 歷屆BTC相關資料：https://stp.nstc.gov.tw/btc/AD19B9B08E3A34C9

5 「次世代數位醫療平臺」，推動與國際接軌之醫療資訊交換標準及語意標準。由醫學中心和地區／區域醫院／診所合作，建立特色醫療資訊系統，加速複製擴散至其他醫院，帶動全臺醫院醫療資訊系統升級。

6 新竹生物醫學園區以「生醫科技與產品研發中心」、「產業及育成中心」、「臺大生醫分院及特色醫療機構聚落」等三大中心的磁吸及研發資源共享，積極引進國際知名的生醫產業與研究單位，新竹生物醫學園區之產業標的將著重在「高階醫療器材」及「新藥研發」之產業育成及發展規劃。

7 國家生技研究園區以「創新研發」為主，以「生物科技研發」與「知識創新」為主軸，並以「轉譯醫學」與「生技醫藥」為發展主力。為國內第一個跨產官學研共同進駐之新一代國家級生醫研究生態圈。園區進駐單位包括：中央研究院「生醫轉譯研究中心」、衛生福利部「食品藥物管理署」、國科會國家實驗研究院「國家實驗動物中心」、以及經濟部「財團法人生物技術開發中心」等。

Strategy
Science
Environment
Analysis
Marketing
Company
Success
Meeting
Resources
Governance
Innovation
Finance
Accountant
Advertising
Solution
Executive
Strategy
Management
Career
Process
Innovation
Success

圖．達志

06

科技理工領域

有「妳」真「好」

二〇二四年三月，由「臺灣女科技人學會」等單位在成功大學舉辦的「女科技人大會」，邀請學術界、產業界領袖發表主題演講，分享如何打造包容共好職場，希望激勵更多年輕女性投入科技領域，同時也舉辦跨界思維交流沙龍，探討女性在工作、家庭與公益之間的平衡之道。

二〇二四年四月，來自各地的高中職與大專院校女學生，齊聚在臺南沙崙資安暨智慧科技研發大樓，參與「GiCS 尋找資安女婕思」的決賽，會場除了激烈的搶旗攻防賽（CTF）及創意發想賽外，還有情境解謎的任務闖關活動，各團隊分別針對量子運算對加密體系的影響、車聯網衍生的資安問題、長者防詐等熱門議題提出創意解方，堪稱一場熱鬧非凡的資安女力嘉年華。

「女科技人大會」與「尋找資安女婕思」這兩項活動，都是從二〇二一年開始舉辦，是國內推動科技女力的代表性盛會，充分展現出女性科技人才在不同世代的影響力與潛力，也象徵科技女力的崛起，兩性正準備攜手迎接多元共融的新時代。

這是一個美麗樂章的開端，但只有參與其中的人知道，有多少不動聲色的

「GiCS 尋找資安女婕思」競賽至二〇二四年已舉辦四屆，資安的種子，不斷累積並發芽茁壯。

耕耘與努力，才能成就現今的百樂齊鳴，眾聲喧譁。

科學社群的新力量

臺灣自一九七〇年代開始，就展開了一波波的女性主義運動，但早期主要由社會團體、學者和律師推動，近年來全球科技女力的倡議形成一股新力量，在學術界與產業界都日益活躍。相較於二十到三十年前，曾任國科會副主委的中研院生物醫學科學研究所所長陳儀莊認為，科研圈的性別友善意識已有明顯改變，其中最大差別在於從制度面支持女性在家庭和事業之間取得平衡，各學術社群經常討論如何兼顧兩者，甚至鼓勵女性主管建立相關網絡與社群。

根據行政院性別平等會的各項指標，臺灣和國際相較，在男女薪資水準、研究人員比例等「性別平等指數」上，與歐美先進國家相距不遠，在亞洲更是優於日韓、名列前茅。

除了在制度面設計鼓勵女性參與科研的措施，整體社會文化也改變很多。陳儀莊觀察，現在男女性的權利義務關係更為平衡，家庭責任都是一起分擔。

國際會議上經常可以看到男性科學家帶著小孩，讓太太在臺上演講；主辦單位也會安排托育設施，讓女性科學家無須因為家庭責任而犧牲研究工作。

陽明交通大學光電工程學系教授冉曉雯則從體制、社群和個人三個層面，闡述科技女力的發展，她認為過去五到十年來，不管是與政府政策和法規有關的體制面、與職場環境與社群有關的社群面、與觀念與心法有關的個人面，都有明顯進步。

舉例來說，過去有些社群在提倡科技女力或性別平權議題時，有時會被質疑過於激進，如果是理工背景的學者，還擔心會被批評不務正業，「但官方的支持立場，具有一定的宣示效果，彷彿表彰了一種普世價值，產生了決定性的影響。」

改善女性管漏現象

女性科研學者，對於女性面臨人生不同階段遭遇的壓力與挑戰，更有深刻的體會。陳儀莊透露，自己在生完第一胎後，經常不自主地感到悲傷難過，甚至淚如雨下，後來才知道自己得了產後憂鬱症，花不少時間才讓身心狀態回到常軌。

冉曉雯也提及，當新手媽媽時要請產假，詢問系上如何解決代課問題，那時校方尚未有明確的規定，系上回答因為課程專業性太高，請她自己找適當的老師代課，初入職場的她當時有種念頭，懷孕竟像是一種罪惡，竟需要低聲下氣求人幫忙。

不管是個人身心狀況，或是工作上的不合理規定，往往形成一種無形的枷鎖，久而久之會讓女性自我設限，為了家庭責任而放棄追求晉升、甚至中斷工作的女性大有人在。

相較於過去女權團體大聲疾呼要落實性別平權意識，現在更多焦點在於各行業普遍存在的「管漏現象[1]」（Leaky Pipeline）。

中國工程師學會（簡稱中工會）曾在二〇一九年做過調查，報告中指出女性在工程與科技職場平均占比為十三％，但在職涯發展的過程中，由初階、中階到高階的女性比例會隨之遞減，尤其在四十五歲以後，由於家庭與育兒的責任加重，許多女性科技人因此退出職場或不再擔任管理職，女性占比因此大幅減少。

陳儀莊也觀察到這個現象，臺灣在科研領域，大學生的男女比例接近，碩士生稍微拉開，到博士與教授階段差距更大，申請計畫的比例愈差愈遠，得到傑出獎的比例更是懸殊，女性僅占十七到十八%。

性別平權列為重點工作

性別平權一直是政府推動的重點工作，吳政忠在國科會主委任內積極任用女性主管，包括國科會首位女性政務副主委陳儀莊及首位女性科辦副執行祕書楊佳玲（現執行祕書）。

吳政忠相當重視科技女力，親自出席女科技人大會、尋找資安女婕思、科技女力XYZ座談會等活動，並在「科學技術白皮書（二〇二三至二〇二六年）」中，明確提出推動性別平權的願景，透過「專案計畫引導性別化創新」、「政策方案支持女性投入科研」及「結合民間力量支持科研女力」三大策略，鼓勵女性參與科技專案計畫，建構多元包容的科研環境。

性別平權不能只是口號，更要落實成為具體措施。國科會祭出許多新規定，例如女性生小孩可有兩年延長升等期限；如有三歲以下小孩，申請計畫通過即可增加一名助理或博士後研究員；女性研究人員在懷孕期間申請國科會計畫可隨到隨審，不受固定時間限制等。

陳儀莊強調，這些新政策自二〇二一年開始實施，加上綜合規劃處的其他條例，預期可改變過往女性教授擔心懷孕及生育影響職業發展的情況；雖然還是有一些意見反映這些政策效果有限，但隨著觀念改變，未來風氣一定會有所不同。

STEM人才向下扎根

為了向下扎根STEM（Science, Technology, Engineering, Mathematics）科技理工領域，也讓女同學看到更多值得借鏡的榜樣，國科會與教育部聯手舉辦了「尋找資安女婕思」的競賽。

「尋找資安女婕思」不僅是一年一度的競賽活動，還會舉辦回娘家的活動，讓大家輪流上臺分享，有一年特別選在臺北賓館舉辦，現場氣氛格外熱烈。李漢銘透露，臺北賓館不是隨便自由進出的場地，這個活動能有如此的「規格」，是因為蔡英文總統的高度支持。

蔡總統有次聽到一位高中女同學提及：在臺灣駭客年會（Hitcon）拿到世界第二名，但家長與老師卻反對她繼續學資安；因此大抱不平，她反問：「如果女性可以當三軍統帥，為什麼女生不能學資安？」蔡總統覺得女性細心、敏銳，非常適合從事科技行業，資安領域也亟需更多女力投入，因此相當支持女婕思活動。

曾任國安會資安諮詢委員的臺灣科

蔡英文總統接見第三屆尋找資安女婕思前三名獲獎隊伍。圖：總統府提供

技大學資訊工程學系特聘教授李漢銘表示，過去在學校任教時，學生對資安興趣缺缺，因為許多人對駭客有刻板印象，認為這是負面的工作，未來沒有前途；但他跟吳政忠都認為，資安等同於國安，重要性與日俱增，為了培養更多資安人才，一定要做出一些改變。

這時剛好遇到一個契機。每年世界資安競賽落幕後，總統都會接見臺灣獲獎團隊，歷年來行禮如儀，李漢銘覺得這種模式有些單調，建議可以有些變化。當時資安人才培育計畫正擴及高中生，於是他提出建議，請總統在接見得獎團隊時，當眾勉勵對資安有熱忱的學生，讓學生得到正面的鼓勵，應該很有意義。

吳政忠對此頗感認同，連結到科技女力的向下扎根，於是找了當時的前瞻及應用科技處長陳國樑，著手籌備高中女學生的資安競賽，並定名為「GiCS 尋找資安女婕思」，這是國內第一個專屬高中職及大專校院女學生的活動。隔年並擴大針對相關領域女性工作者辦理「TechGiCS 女婕思好科技」系列研習，成為橫跨校園與社會人士的科技女性培力計畫。

第一屆籌辦「尋找資安女婕思」活動時，團隊多少有些擔心顧慮，吳政忠鼓勵國科會團隊，要主動踏出第一步，後來透過教育部發函各校，最終有一千多人報名參加，團隊也因此受到鼓舞；後來每年報名人數都增加千人左右，到了第四屆已逾四千人報名參加，累積更有上萬人次參加。

對於女性學子來說，女婕思不僅是一場競賽，還能與其他團隊交流，了解資安及智慧應用科技的最新發展，更重要的是產生「德不孤必有鄰」的認同感，從而堅定投入 STEM 領域繼續深造的信念。

女婕思活動的快速成長，確實與蔡總統的加持息息相關。李漢銘說，每年前三名的獲獎團隊都會受邀到總統府，老師和校長也會親自帶隊，由總統親見鼓勵與頒獎，並且合照留念；同學、老師及校長爭相在臉書、IG 打卡，自然創造了驚人的社群行銷效果。

每年活動都會邀請過去歷屆的學姊回來分享，讓新同學覺得「她可以，我應該也可以」，許多同學更自發成為推廣大使，相約學姊、學妹共同參賽，會場坐滿穿著校服的女學生，構成一幅幅美麗、智慧與活力兼具的畫面。

陳儀莊強調，資安女婕思的主軸就是鼓勵大家不設限、多嘗試，因為科學本身與能力和興趣有關，希望儘早啟發同學，讓她們覺得自己可以做到，不因性別而有差異。楊佳玲也相當肯定女婕思活動的成效，「社會氛圍的改變需要多種活動來促成，這是一個播種的過程，雖然不能立即看到成效，但至今為止的迴響都很不錯。」

除了「尋找資安女婕思」活動，國科會每年也會舉辦「臺灣科普環島列車」，巡迴全臺不同縣市，讓國小師生可以開心玩科學。陳儀莊強調，這類

科技部與交通部臺灣鐵路管理局合作辦理的科普環島列車活動，承載著臺灣向下扎根的科技力。

的科普活動對性別平衡非常重要，因為性別認知和學科偏好在很早期的成長階段就形成，高中時期其實已經差不多定型，所以從小學開始推廣，向下扎根，未來甚至考慮推廣到幼稚園。

女力社群百花齊放

除了體制面的改變，學術社群也扮演重要角色。

提到科技女力，陽明交通大學電子研究所特聘教授、擔任第七屆臺灣女科技人學會會長的洪瑞華是其中一位關鍵推手。由於韓國光電年會舉辦的「女科技人大會」，在女科技人與專家學者間引起熱烈迴響，因此她決定將此風氣帶進臺灣，號召各領域女科技人共襄盛舉，結果獲得五十二個學會、協會與公會共同參與，在二〇二一年舉辦首屆「女科技人大會」，透過經驗與智慧的分享，讓女性的影響力與競爭力得以傳承下去。

除了自二〇一一年成立、深耕多年的臺灣女科技人學會外，中國工程師學會女性工程師委員會也在前臺藝大副校長薛文珍的努力下成立，另外包括光電、機械、土木等領域也都成立類似組織，其中光電領域是由洪瑞華和陽明交通大學光電工程系特聘教授林怡欣兩位教授共同發起，成立Women in Optics（WiO），冉曉雯則是二〇一九年起擔任電機電子工程師學會中華民國分會WiE（Women-in-Engineering）主席，一時之間，學術界的女力社群百花齊放。

冉曉雯回憶，第一次參加女科技人學會大會晚宴時，覺得深受感動，因為塑造了很好的理念與文化，沒有階級、資歷或地位之分，尤其她見到許多學術聲望很高的人，都無私地投入這類服務，看到前輩的言行舉止、理念和熱誠，會感受到榜樣的力量，不會擔心被質疑不務正業或研究不力，可以放心跟隨前進；而在不同女力社群相互串聯之下，社群力量更是快速集結與擴散。

發揮社群的行動力

社群不僅可以倡議與推廣理念，必要時還能採取行動、解決問題。有次冉曉雯在女性學者聚會時分享她請產假時需要自己找代課師資的經驗，結果引起熱烈迴響，原來有類似經驗的人為數不少。

她們發現到這個問題後，就由林怡欣安排拜訪立委范雲，並請教育部討論這事。結果發現，相關法規早就存在，只是落實到基層時出現落差，其實代課師資應由組織協助安排，只是新進職場的人不熟悉法規，也不敢引用法規，更擔心會影響升等評議，不敢向主管反映。

最後的處理方式是，由教育部行文各大學，明確指出這是校方的責任，而非教師個人的職責；冉曉雯曾在陽明交通大學擔任副教務長時，也在教師休假辦法中特別加入產假申請代課的條款，讓教師知道有這個管道，不需自己四處聯繫安排[2]。

「這就是社群的力量！」她舉這個案例說明，早年如果遇到問題時不知該問誰，就會自我設限，現在透過社群，可以藉由經驗分享發現共同問題，並找到適當管道，就有機會解決問題，社群的協力不僅幫助了現職教師，也為未來的女性科技工作者鋪平道路。

打破權力結構的不平等

楊佳玲曾參與國際半導體產業協會（SEMI）舉辦的半導體女力座談會，在場女性普遍認為，現在整體環境已對女性相當友善包容，但最大問題在於權力結構的頂端仍由男性主導，「權力的傳遞不是客觀的考試，而是一個圈子，如果沒有足夠的女性，就難以打入這個權力圈。」她曾參與連續舉辦五十年的大型學術會議，一位女教授在一場座談會上站起來宣讀了一封公開信：「臺上全是白人男性，明明有那麼多優秀的女性研究者，為何從未被邀請為主題演講者？」

國科會響應聯合國二一一國際女科日，揪半導體女力共擘永續未來。

這位女教授的提醒，引發熱烈討論，後來大會制定了新規定，要求每年的主題演講者和重要職位都必須包含女性。楊佳玲的看法是，雖然這種做法像是保障名額，但在遊戲規則並不公平的階段，需要一些強制性規定來打破長期的不平等，這是必要的過程，等到權力結構被打破，自然就不再需要這些規定了。除了學術界有這種現象，科技業高層也以男性居多，除了行業特性外，當然還有更深層的社會結構問題；長期以來，權力結構被男性主導，他們已經站在較好的位置上，即使一個女性很有能力，也可能因為這種結構設計而無法進入高層，因此需要用制度面的方式來突破。

多元化團隊帶來多元視野

除了從組織權力結構的角度之外，從消費者與市場面向來看，企業團隊的多元組成往往能帶來多元視野，讓產品更貼近民眾需求。

楊佳玲認為，現在科技都強調以人為本，需要各種視角的關照，僅有男性角度勢必有所不足；而在科技政策制定的過程，同樣需要多元思維，兼顧兩性的思維，讓科技議題的討論更加周全。

曾任拜耳製藥全球生物科技營運總裁、現任美國全心醫藥生技總裁兼執行長周慧泉也以生技製藥業為例，早期存在一種性別偏差現象，大部分藥物都是為男性所設計，不管是主導者或受試者都是男性，導致許多女性疾病缺乏治療藥物，嚴重影響到全民健康福利和產業發展。

「如果決策者沒有女性，很難注意到這點，這也許不是刻意歧視，但仍有潛意識的偏見。」周慧泉強調，如果發展的藥物無法造福全部的病人，那就很難成為一家成功的公司，不管在生技界或其他產業，擁有性別平衡的多元化團隊很重要，願意聆聽不同顧客的聲音，這樣的公司才能夠進步。

發揮女性的優勢

在女性科學家眼中，體制與社群固然是有效的催化劑，但個人觀念的培養與修練，才是啟動進步價值的引擎。

曾擔任中研院化學所所長、二〇二三年榮獲第十六屆臺灣傑出女科學家獎的陳玉如細數女性的優勢，包括仁慈、溫柔、細心、有耐心，身段低、溝通能力強等；陳儀莊也認為，女性通常比較敏銳、擅長溝通，在組織中很會帶動團隊情緒和向心力。

擔任過世界人類蛋白體組織（HUPO）等多個國際組織理事長的陳玉如透露，雖然在男性主導的環境打拼，但她從未感受到明顯的歧視，反而覺得自己受到更多尊重與關心；或許是因為女性的溫柔細膩特質，帶給別人的威脅感較低，容易廣結善緣、與人建立信任關係，這些特質在科研領域也頗能派上用場。

陳玉如觀察，隨著國際間日益重視性別平等和多樣性，女性在國際組織的選舉中更容易勝出，例如她被推舉為國際組織的理事長，每年都有六、七個國際會議主題演講的邀請，就是因為身分是亞洲女性科學家，在某些議題考量下反倒變成優勢。

有次她在準備一篇跨國研究計畫的論文時，遇到美國合作方提出作者排序的問題，我方團隊覺得忿忿不平，其中兩位男性學者相當激動，直說要脫鞋子單挑，甚至威脅說，如果對方不接受，臺灣研究團隊就要全數撤出。

她很感謝團隊同事的力挺，雖然覺得美方的要求有些過分，還是選擇用理性溝通解決問題，耐心地向兩位男性教授解釋這項跨國研究的好處與重要性，好言相勸地說：「拜託你們把鞋子穿上，我買雙新鞋給你們穿。」在她苦口婆心之下，終於讓他們理解，最後臺美團隊回到談判桌一起溝通，以視訊會議化解雙方的歧見。「我認為溝通是女性很重要的武器，不是用鞋子當武器，而是用語言，」陳玉如打趣地說。

扭轉職業的性別認知偏差

冉曉雯喜歡以巧虎和 Dora 這兩個卡通人物，說明不同地區對識別框架的設定。在巧虎的故事裡，媽媽總是穿著圍裙在廚房做甜點，但在Dora的故事中，大部分時候看不到媽媽，其實 Dora 的媽媽是一位考古學家[3]。

每個人在成長過程中，都會面對許多來自社會的期待與環境的暗示，因此會給自己設限，關鍵在於如何擺脫這些影響。冉曉雯認為，如果要突破這些限制，首先要能識別周遭這些框架的存在，接著再想辦法破除，勇氣很重要；在臺灣教育體系和職場似乎都有明確的階梯，如果要走出自己的路，就特別需要勇氣。

「我們不能只期待外在環境變好，在自己身上也要下功夫。」冉曉雯經常鼓勵女性後輩，不要遇到障礙就歸咎於既有問題，要嘗試建立自己的心法。我們是否真的有勇氣突破框架？是否確立自己的價值觀？是否朝著自己的理念前進？這些都是我們自己要做的修練。

陳玉如發現，投身化學領域的女性非常稀有，其實很多高中女生都對化學感興趣，但隨著年齡增長，社會期待可能會影響她們的選擇。

她常以自己選讀化學、後來卻在生醫領域開花結果的經驗鼓勵女性學子，其實化學產業的面向很廣，不只是大家想像中那種骯髒危險的化工產業，化學家可以創造分子、創造方法，對許多領域的研究都很重要，未來的發展其實有很多可能性。

如何扭轉大眾對於科技業的認知偏差？楊佳玲建議可以透過教育鼓勵女同學，正確理解科技需要什麼能力，讓她們了解科技是需要多元思考的領域，也是一個性別友善的環境，不是一個被壓榨的爆肝產業，同時讓她們看到更多這個領域的成功女性榜樣，對這行業才會有憧憬而不會卻步。

突破玻璃天花板

周慧泉是國際生技業界極負盛名的臺灣女性，她提到在美國工作會面臨竹子天花板（bamboo ceiling）及玻璃天花板（glass ceiling）兩種挑戰。

所謂的竹子天花板，是指亞洲人在晉升時會遇到的障礙；玻璃天花板則是指組織會對某些群體進入決策層有潛在限制，女性就經常面臨這種真實而隱形存在的障礙。

周慧泉針對如何突破玻璃天花板提出建議：首先要專注於自己能為團隊帶來的獨特價值，而不是關注自己與他人有何不同；其次，溝通方式至關重要，要學習如何讓聽眾聽懂。

即便位居高位，她還是常發現一種情況：自己在會議中提出一個觀點，沒人理會，但過了一會，另一位男性重複了這個說法，大家卻覺得很有道理。

遇到這種狀況，有些女性會忿忿不平，但她建議不妨反思一下自己的表達方式，從聽者的角度出發，去適當調整自己的說法；就像音樂表演一樣，上臺演奏要考慮臺下聽眾的感受，思考如何讓大家更好地理解自己要傳達的東西，如此也更容易展現自己在團隊中的價值。

激盪出令人驚豔的「好」科技

從性別意識的覺醒、社群的蓬勃發展到政策體制的支持，國科會與各界一起點燃了鼓勵女性學子投入科研的火種，產生了令人驚喜的化學反應。愈來愈多人相信，STEM 不是特定性別的專利，不管在校園、職場及政府機構，兩性都能攜手建立更多元、平等、共融的環境，讓不同的才華與觀點碰撞激盪。

值得期待的是，隨著知識經濟時代來臨，女性在科技領域中更可發揮所長，譜寫出更多令人驚豔的「女子」（好）科技！

1 管漏現象，指女性人數在專業生涯中逐漸流失，就像在漏水的管道中流動，水量愈來愈少，導致男女比例從基層到高層日益失衡。

2 陽明交大合併之後，已於二〇二一年重新訂定《國立陽明交通大學專任教師請假代課處理原則》，目前二〇二四年最新修訂版本中，相關條文已被整併納入第二條。

3 巧虎，臺灣《巧連智月刊》自一九八九年創刊，母公司日商倍樂生，是一家位於日本岡山縣岡山市的教育出版公司，前身是一九五五年一月二十八日創立的福武書店，主要營運幼兒和國小到高中的函授教育，巧虎是函授教育中幼兒教育塑造的主角。

Dora，《愛探險的Dora》（Dora the Explorer）是美國的教育電視動畫，女主角是七歲的Dora和小猴子Boots，每一集都會前往探險目的地，並克服路途中的難關。

圖／達志

07

人文社會與科技的匯流

「科技部（國科會）為什麼會有人文司？」

臺大經濟系特聘教授林明仁說，二〇二〇年當他到科技部（國科會）擔任人文司司長時，這是，許多人聽到後的第一個反應。而先後擔任國科會人文及社會科學研究發展處處長、科技辦公室副執行秘書，他積極倡議連結人社學者與其他領域學者的互動，並與社會溝通。林明仁認為「讓科學為每一種人存在」，是國科會責無旁貸的責任。

二〇一六年七、八月間，計程車車主認為 Uber 非法營業造成不公平競爭，連續發動上街抗議，政府立即展開跨部會協商，吳政忠也與幕僚討論解決之道。

部分幕僚認為這是世代交替、適者生存，但吳政忠獨排眾議，他揚棄了科技本位的思考，強調許多計程車司機都是家庭生計的主要來源，到了四、五十歲之後再轉職不容易，即便要開放「叫車平臺」，政府也應有相關配套機制，降低對既有業者的衝擊，讓轉換的過程更為順利。

吳政忠辦公室幕僚林品安近身觀察的經驗，吳政忠總是把人放進考量的範圍，不只是為了做事而已，而是在意每一個人。他的個性很溫暖，無論是決策和行動，都會緊扣著每個人都好的角度出發，務求照顧到不同族群、不同面向；「他曾說我們不能犧牲任何一個人，每個人都很重要。」

這樣的例子比比皆是，從關心計程車司機被 Uber 影響生計，到雲世代計畫希望輔導真正需要幫助的中小企業轉型，一直到民生公共物聯網建設中喚起民眾對「掌水工」的尊敬。近年來在科技政策的賦能過程中，處處可以看到這樣的人本精神，特別重視人文社會的價值及生活的融合。

守望良田的是掌水工不是物聯網

「每一株作物，都能夠體會，阮溫柔的感情，見證阮堅定的意志……」這是詩人吳晟〈水田〉這首詩的開頭，也是《川流的腳印》紀錄片的開場，這部紀錄片不僅呈現出民生公共物聯網中水資源服務的科技成果，更重要的是講述了嘉南大圳「掌水工」的故事，讓人看到科技背後更多與土地、人文有關的關照。

嘉南平原原本是看天吃飯、不適合用來灌溉的「看天田註」，直到烏山頭水庫與嘉南大圳興建完成，透過大小渠道把水送到十五萬公頃的農田，形成臺灣最大的灌溉設施，才成為「臺灣糧倉」。一千個左右的水利小組，為了調度農田之間的配水，保持給水路的乾淨與流通，有一群默默看顧大圳、守望良田的水利英雄——掌水工。

過去數據都是由經驗所累積，如何管理都在掌水工的腦海中，但氣候變遷讓水的調度日益困難。有鑑於此，水利署開始著手布建新的感測元件，並將農民的在地智慧，結合科學家的分析知識，整合成一套精進灌溉的管理系統。

這套系統讓工作站或掌水工，都可透過雲端即時監看水位計、作物生長狀況、進水閥狀況，掌水人員不用全區到處跑，就能遠端控制，減少巡水時的風險；工作站也可更有效率管控水資源調度。

傳統農業與現代科技共存共榮

科技的進步取代人力，在各行各業都是現在進行式，農業自然也不例外。

隨著社會邁向高齡化與少子化，掌水工青黃不接，適當導入科技可協助偵測水位，自動開關閘門，省去許多人力，應是大家所樂見的事。

然而，掌水工因不習慣使用高科技產品，不免覺得自己的工作權與地位受到侵害，因此私下頗有微詞。吳政忠了解到這個狀況後，特別帶著團隊前往了解與溝通，希望找到共榮共存的方式。

對於負責分配水資源的人來說，這是一種榮耀和權力，要放手可能不太放心，尤其要放給機器更是難以接受。掌水工普遍的心聲是，希望不僅是從農業科技的角度看待這件事，也要照顧到農民的感受。

吳政忠聆聽大家的意見後深有所感，他建議團隊加強溝通，這套系統不是來取代掌水工的，而是提供更便捷的科技工具去管理，更重要的是把這些榮譽留給掌水工，因此有了《川流的腳印》這部紀錄片，讓不少人開始注意到這群默默奉獻的基層英雄。美國國務院參訪團來臺時，更指明要到嘉南大圳考察精進灌溉系統與掌水工共好的轉型歷程。

註：看天田，缺乏灌溉設施，全靠天然雨水灌溉的農田。

隨著科技的發展，有些舊模式終究會在時代潮流中銷聲匿跡，但吳政忠不斷告訴團隊，科技的導入不是冷冰冰、強硬的，而是跟著大家一起成長、慢慢接受，因此事前的溝通與準備很重要。

「這幾年推動科技政策一直維持這種基調，科技至上不是唯一的真理，民眾的價值與感受更為優先。」林品安強調。

早餐會的故事 人文社會與科技逐步交融

從現在的眼光來看，或許科技與人文社會的匯流看似天經地義，但許多人不知道的是，這個種子其實早在二十年前就已悄悄種下。這個故事要從臺灣大學應力所開始談起。

吳政忠在二〇〇四到二〇〇五年間，擔任行政院科技顧問組副執行秘書，二〇〇五年八月回到臺大應力所任教，他找了所上劉佩玲、李世光、張培仁、郭茂坤等教授，每週五早上七點，固定在張培仁的研究室吃早餐交流意見；由於應力所是新設系所，一開始大家的討論主題是應力所要如何分組？應該投入哪些研究領域？漸漸地，吳政忠希望拉高視野，於是他去了解國家的科技發展重點方向，藉此思考臺大應該為國家扮演什麼角色，再思考臺大工學院要做什麼事，最後再逆推回來，決定應力所要做什麼題目。

一個橫跨科技與生活的新概念就此成形，提出了「智慧生活科技」的名詞，選擇用「smart living」而不是「intelligence」，蘊含著科技走入生活的意義。同時，也提出「智慧生活空間」的概念，由大而小涵蓋國土空間、城市空間、移動空間（汽車）、人體小空間（生技醫療）。

為了推動這個跨域專案，吳政忠號召更多人文社會學科的學者加入。他清楚記得，第一次在應力所開會時，左邊是人文社會學科的教授，包括臺灣大學社會學系教授陳東升及林萬億，右邊則有土木工程與奈米科技的專家，結果兩邊壁壘分明：林萬億抱怨科技發展太快，沒有考慮到人文社會層面，工程專家則反駁，沒有他們就沒房子可住，一時之間氣氛有些尷尬。

要讓人文社會與科技之間迅速握手合作，不是容易的事，必須居中協調、緩和氣氛，設法讓兩邊化解對立，才有可能獲致結論。

經過一次次的理性討論與思辨，人文社會與科技之間似乎找到了愈來愈多的交集，也發現如果科技發展只考慮技術研究與經濟層面的效益，輕忽人文素養與社會層面的考量，就會陷入失衡。

二〇〇六年吳政忠接任國科會副主委後，進一步落實「智慧生活科技」計畫，二〇〇七年成立臺灣智慧生活空間發展協會，二〇〇八年更在臺灣大學、交通大學（現為陽明交通大學）、成功大學，設立三個人本智慧生活科技整合中心。

令人意想不到的是，當時不經意展開的科技與人文社會的對話，讓兩派學者攜手合作；促成「智慧生活科技」計畫啟動，也催生了臺灣智慧生活空間發展協會及北中南三地的智活中心，對國內的跨人文社會與科技領域產生正面的影響。

「從那時開始，人文社會就扮演一個平衡的角色，慢慢地將科技與生活結合起來。」吳政忠樂見人文社會與科技從立場相對走向交融並濟，不僅為冰冷的科技注入人性的美感，更展現了科學求真求知、人文求善求美的更多可能性。

扭轉人文社會科學的弱勢地位

在許多學者眼中，吳政忠是極少數看重人文社會科學且身體力行的科技政委，他則謙稱，自己只是採取比較開放的心態。因為身邊有不少亦師亦友的人文社會領域專家經常交流，加上過去推動智慧生活科技的經驗使然，因此他高度期待能改變重科技輕人社的現象；「過去大家各自為政，因此人文社會的重要性被忽視，但臺灣要從製造代工邁向創新經濟的先進國家，必須將這些領域整合在一起。」

臺灣大學社會系特聘教授陳東升坦言，對傳統的科學家來說，終其一生要追求的是拿到院士、諾貝爾獎，領先其他人做出最前瞻的東西，這樣才夠優秀，「要期待他們談普惠科技、社會包容、扶弱濟貧，根本就是天方夜譚」；但吳政忠願意接受這些觀念，不是只喊一喊「科技始終來自人性」這類的口號，而是具體落實。

中華民國無任所大使陳正然也觀察，一般來說人文社會領域在科研單位最為弱勢，但吳政忠卻相當關注科技議題上較為忽視的人文社會層面。他不僅在

「科學技術白皮書（二〇二三年至二〇二六年）」中提出「創新、包容、永續」的願景，納入人文與社會包容的議題，在各種場合也都一再強調人文及社會科學的重要性。

事實上，人文社會與科技的結合，不是偶然而是必然。臺大地理環境資源學系教授周素卿分析，人文社會知識被科技產業納入，一方面與科技產品與服務日益重視使用者導向與客製化需求有關，另一方面則牽涉到人力資本日益匱乏之所產生的移動現象，讓許多科技產品在研發階段，就導入社會創新與使用者服務創新的理念。

過去幾年，國科會以創新、包容、永續作為願景，呼應這樣的理念，林明仁認為，「人文社會學術核心價值在「韌性社會」、「包容成長」、「人文反思」三個面向，透過對社會議題全面性的理解做出決策，以人文價值打造更包容的社會，在日新月異的技術下仍保有人性尊嚴。」科技不再單純注重技術的突破，而是以跨域合作為常態，將人文社會素養與前瞻科技結合，回應社會的需求。人文社會領域的學者也應該勇敢跨出舒適圈，拓展未知的知識領域，「不但要跨領域，還要跨出跨領域！」

不管從公部門或私部門的角度來看，人文社會與科技的匯流都已是無可抵擋的趨勢。

以普惠精神推動高齡科技

因為融入了人文社會精神，近年來國科會推動的諸多計畫，也體現了社會與人文層面的關照。

以高齡科技為例，行政院在二〇二四年初正式啟動「高齡科技產業行動計畫」，以智慧科技提升高齡者的健康與尊嚴生活，其中普惠科技[1]與適當科技[2]就是其中的核心思維，目標是將資通訊科技適切地融入照護專業，並推動數位學習整合服務場域應用，讓長者從被動照護轉變為主動賦能。

推動普惠科技甚力的陳東升強調，高齡科技要以普惠科技與適當科技的精神，讓最大多數使用者能負擔得起，如果要靠長照或健保來買單，也要考慮使用者的接受程度，這樣每位高齡者和照顧者都能受益，照服員可藉由科技協助減少職業傷害、提升照顧效能，高齡者也能獲得更好照護。

高齡科技有一個很重要的目標族群，就是獨居高齡者。根據內政部統計，全台六十五歲以上人口已超過四百萬人，其中老人獨居戶已超過六十九萬戶，每年還持續增加中，除了健康問題外，也會面臨社交孤立和心理適應等問題。

從普惠科技的概念出發，高齡科技希望讓八十%的人都能受益，因此在設計時就要考慮高齡者的使用方式與經驗，「不需要太花俏的設備或技術，但要讓使用者方便且安全，如此才能快速擴大觸及率與使用率。」陳東升這麼說。

臺灣推動高齡科技有其利基，因為資通訊與醫療都是臺灣的強項。吳政忠說，期待能以普惠科技的價值，提供高齡者與照護者在「食醫住行育樂」各方面的協助，帶動產業共好；「科技並非高收入者的專利，我們要讓所有長者優先享受科研成果，也使臺灣生醫業者瞭解結合數位科技的方式。」

運動╳科技　為了競技更為健康

二〇一七年，世界大學運動會在台北舉辦，當時臺灣選手奪得二十六面金牌，創史上最佳成績。在一場運動員的座談中，運動員們都提到訓練的困境以及運動科學的重要性。

這也促成當時科技部（國科會）人文司以「精準科研助攻，再創運動巔峰」為理念，開始推動「精準運動科學研究專案計畫」，以提升運動競技表現為主軸，協助解決運動員於運動訓練所面臨之困難與瓶頸。結合運動、醫學、心生理、人工智慧（AI）、大數據、工程、營養等相關領域，進行跨領域運動科學研究。

原本以競技運動為主軸的運動科學研究計畫，到了二〇二一年，吳政忠認為「運動」、「科技」、「產業」不能只單線發展，如能朝跨域、跨學術應用與跨產業發展，進行水平與垂直整合及推動，應該會產生更大的商機與經濟效益。於是當時行政院科技會辦辦公室便以人文司「精準運動專案」為基礎，以整合推動運動、科技與產業發展為目標，舉辦「運動×科技產業策略（SRB）會議」，邀集科技部、經濟部、教育部、衛福部、學研界及產業界一同參與。

第二期「精準運動科學研究專案計畫」特別納入「包容精神」，包含女性運動員身心狀況的測量和評估、帕運選手培訓、運動員競賽壓力調適等。

林明仁在接受媒體訪問時表示，臺灣運動發展須以「雙核心」主軸，一則競技運動，二為全民運動，「其實這兩個的組成就是一個國家的運動產業，是可以往前走的重點。」上至國手下至民眾，不分選手或球迷都是運動科技服務的範圍。

林明仁認為，「一個好的整體解決方案，需要引起大眾的興趣，才能推展出更大效益。」運動×科技雖然一開始是為了競技選手而研發，但如若能應用得當，讓大眾也能參與其中，便能形成正向的循環。

他同時表示，過去，臺灣一直以代工為主，重視技術導向，但科技技術的發展，是隨著國家社會、文化，世界發展趨勢潮流在流動，需要可滿足人與社會需求的科技創新。「因為是『人』在運動」，所以新的技術也應該要透過人的角度思考，以『人』為中心進行開發。

淨零轉型目標下的人文社會省思

聯合國氣候變化綱要公約第二十六次締約方大會（UNFCCC COP26）呼籲應在二〇五〇年達到淨零，以因應全球氣候緊急之高風險衝擊。淨零轉型是全世界的目標，也是臺灣的目標。但轉型過程不能一味追求減碳與永續目標，仍須顧及社會公平正義，才能達成「公正轉型」。

周素卿強調，這波淨零轉型的過程，與過去工業化過程中造成部分族群失業的情況有些類似，但衝擊的族群則是從中壯世代變成新世代。歐美國家不希望M型社會與社會不公的結果重演，尤其是首當其衝的傳統石化能源與高碳排產業，其勞動人力可能面臨失業困境，因此要確保在邁向淨零的過程中，不會加劇社會不平等或環境不正義的問題加劇。

事實上，在國科會與中研院合作推動的淨零科技方案中，包含永續及前瞻能源、低（減）碳、負碳、循環、人文社會科學共五大領域，人文社會科學就是其中一環，主要目的是以人文社會科學研究論證，作為相關配套政策與社會溝通基礎，讓民眾更容易了解淨零科技與應用，進而在生活中實踐，藉此強化民間自主投入機制。

「我們談的普惠科技與科技民主不是空談，而是已經具體實踐的。」雖然這些名詞來自國外，但臺灣在這方面已發展出獨特的臺灣風味，很值得引以為傲，周素卿自豪地說。

以包容、永續為導向的科技創新

聯合國「二〇三〇永續發展目標」（Sustainable Development Goals, SDGs），提出十七項全球政府與企業共同邁向永續發展的核心目標——其中不斷強調包容、永續。

林明仁認為，過去的科技政策比較強調產業價值與科技創新的目標，現在則同時納入包容永續的精神，期能在日新月異的技術下，兼顧人文反思與社會關懷；「如果說創新讓我們有更多更具效率的作法去解決問題，那麼包容就是讓我們更理解社會中不同想法與處境的人，永續則讓我們更有勇氣與信心打造未來的臺灣，成為我們安身立命之處。」

二〇二〇年疫情爆發之初，科技部就邀集社會學、法律學、經濟學、心理學、公共衛生、風險溝通、醫學倫理、政治、與社工等領域的國內社會科學學者一起合作，針對疫情進行分析。當大眾面對疫情，關注於疫苗研發、病毒溯源……等議題時，社會科學與人文反思，對於「社會、經濟、文化狀況能相互搭配的非藥物手段，重新組織國內生產資源與制度」做法的重要理論基礎，是許多國家能夠在抗疫過程中表現優異的重要關鍵。

曾擔任國科會副主委的臺大物理系教授林敏聰曾在接受媒體訪問時表示，「要真正前瞻創新，產業可從如何滿足或是解決社會重大問題著手，尤其是具有GLOCAL（全球本地化）性質的問題。為了建立這個路徑，人文社會科學在初期就要投入，從價值的深化、共識的建立到具體問題的連結、政策法制環境的建立及社會文化的改變，無一不需要社會科學專業系統性的研究與支援。」他從跨領域的思考視野出發，推動能連結核心價值、基礎研究與創新經濟的科技政策，協助建立以社會需求為核心之技術創新藍圖，對於科研政策、社會發展、臺灣永續核心價值如何落實等的見解既有深度，也有國家高度。林敏聰強調，「以永續作為核心價值」，將是帶動科技業翻轉的關鍵。

因此，林敏聰在科技部擔任自然科學及永續研究發展司司長的時候，就十分重視永續學門，而後在擔任次長時，大力促成以「臺灣永續棧」的成立，希望透過不同的利害關係人（stakeholders）包括學界、NGO、公部門以及產業，對於複雜問題的跨界解析，以共同協作的方式形成整體性的政策解方，並從中尋找「永續轉型的路徑」(transition pathways towards sustainability)。

林明仁也強調，學研計畫有清楚的研究價值，能夠為理解社會、提出看法和給予協助，這是學者責無旁貸的事，因此最好能保留一個和社會現象連接的窗口。為什麼要有新的技術？因為是人在使用，由人做決策，「我覺得現在可能更可以扭轉過去以技術帶領的思維。」

人文社會科學與科技融合的思維，逐漸匯聚「包容科技」的主軸。在陳東升、林敏聰、林明仁等學者的支持下，二〇二三年國科會推動「以包容為導向之科技計畫」，以「包容」為核心，將科技創新能力應用於社會議題，致力提升非營利組織、社服團體與弱勢族群的科技運用能力，達成減少社會排除與貧窮的目標。徵求社會團體與學界合作，組成跨領域協作團隊，提出以弱勢群體為優先的創新實作方案，建構「邁向多元正義的社會工程」。

正視AI的負面效應

AI的發展一日千里，生成式AI的影響更是遍及各行各業，國科會抓緊趨勢，推動「臺灣AI行動計畫」、「TAIDE計畫」與「晶創臺灣方案」，但AI能夠提高效率、創造許多機會，但也可能帶來失業、反民主、資訊落差等負面衝擊，從人文社會的角度，思考AI發展可能帶來的負面效應，也是刻不容緩的重要課題。

吳政忠就相當關注AI對就業的影響。這一波的生成式AI，可能會產生就業人口的轉移，AI取代很多人的工作，導致某批人失去工作，但又有很多工作在另一批人身上，如果處理不好，受影響的群體和受益的群體之間產生矛盾，恐將引發嚴重的社會問題，相關單位必須要有所對策。

AI對民主的影響也是熱門話題。吳政忠提及，因為資訊傳播的目標日益精準，可能形成回音室效應註，人們只在同溫層中來回交流，缺乏多元的訊息與思辨，容易造成社會兩極化；但政府也可善用 AI，透過教育與公開透明的資訊分享，讓政府做到精準決策，也讓更多人理解政府運作。

另一方面，隨著網路、數位科技與 AI 的迅速發展，將對人類認知產生重大影響。陳正然解釋，過去我們生活在真實為主、虛構為輔的世界，但未來將完全顛覆，孩童甚至無法相信世界上沒有恐龍存在，因為 AI 可以產生極為逼真的 3D 影像；大家生活的世界中，絕大部分內容將是虛擬而非真實的，如果不善加控管這些虛實並存的內容，終將產生難以控制的負面影響。

林明仁認為：「當技術影響的面向既廣且深，就可能會對社會權力的分配造成巨大改變。」因此，理解科技進步對政治、經濟、社會的影響，進而反思：什麼是「好」的技術？正是人文社會科學的大哉問。

「每項新興科技出現，都需要這樣去思考、評估和因應，如果願意正視此一議題，就有機會發揮科技優勢、減少缺點，惠及社會大眾。」陳正然形容，科技就像藥品一樣，雖有副作用，但只要按照醫囑適當服用，仍不失為一帖良方。

科技、民主與社會研究中心應運而生

從高齡化、勞動人口減少、數位科技轉型、AI 演算法滲透人類生活、天然資源短缺、氣候變遷等現象，乃至全球地緣政治碰撞、公民意識崛起、經貿重組等變化，在在考驗著地球村的每個公民，臺灣同樣無法置身事外；如此嚴峻的挑戰，顯然無法單從科技層面去著力，而要有涵蓋社會、科技、經濟、環境及政治等全方位的洞見。

有感於科技對國家治理、民主發展與社會變遷的影響，需要跨科際的通盤評估及系統性的前瞻研究，國科會在二〇二三年十月成立了「科技、民主與社會研究中心」（簡稱科民社）這個國家級智庫，由陳東升擔任諮詢委員會召集人，並以跨國際的民主觀念、跨領域的政策建言、跨世代的人才培育為三大主軸。

註：由心理學家凱斯・桑斯坦（Cass R.Sustein）提出，在一個相對封閉的環境上，一些意見相近的聲音不斷重複，並以誇張或其他扭曲形式重複，令處於相對封閉環境中的大多數人認為這些扭曲的故事就是事實的全部，也有人解釋成同溫層效應。

首個國家層級之跨領域、跨世代、跨國界之「科技、民主、社會研究中心」於二〇二三年成立。

儘管科民社中心的成立，與COVID-19疫情及美中對抗的背景有關，但植基於更長期的思考與醞釀。身為社會學家，陳正然與陳東升都不斷建議國科會應擴大對科技與社會議題的研究，深化人文社會關懷；吳政忠在國際場合上也深刻體會到，臺灣的能見度與過去截然不同，如果有一個智庫，能夠從科技出發，在外交、地緣政治或經濟安全等面向，提出一些跨領域的政策建議和想法，就有機會提升臺灣在其他領域的地位。

在這樣的背景下，科民社中心應運而生。在國科會的八大前瞻科研平臺中，其中半導體與量子、AI、資安科技、太空、防疫科學與高齡科技、淨零、國防科技這七個都有相對應的推動中心，科民社中心則是第八個。陳東升強調，科民社的目標就是研究半導體、AI、淨零等先進科技的社會、政治和人文面向，以發揮兼蓄人文社會底蘊的科技力量。

臺灣觀點的智庫報告

過去在經濟自由化的背景下，根本不會產生「晶片法案」，或政府重金補助特定產業的情況，也不會有敏感科技的出口管制，如今許多國家都有自己的國家級晶片戰略，因為裡頭不只有技術，還涉及地緣政治、國家安全與民生福祉，不單純是經貿或產業的問題。

每個智庫報告的背後，都隱藏國家利益的角力與區域競合的糾葛。

舉例來說，波士頓管理顧問公司（Boston Consulting Group, BCG）與美國半導體協會（Semiconductor Industry Association, SIA）合作出版的半導體報告，明顯站在美國立場，提議美國應將半導體製造能量從六％提升到十四％，讓臺灣從七十％降到五十％，還建議把封裝測試分散到印尼、馬來西亞、越南等國；

報告中使用了「風險分散」這個詞彙，但看得懂的人都知道，實際上就是要降低臺灣在全球半導體製造的影響力和市占率。

陳東升認為，科民社提供的政策建議報告，一定與國外的研究機構不太一樣，因為會有臺灣自己的觀點。

不可諱言，台積電現在已是「現象級[註]」的成功案例，形成當下熱門的學術研究議題，各國都在分析它的創新模式。但台積電似乎獨樹一格，主流的商品價值鏈或產品價值鏈理論，都無法充分解釋台積電。

「這是臺灣偉大的地方，一個在地現象現在變成國際關注的焦點，以前大家說人文社會科學研究對臺灣沒什麼價值，你看看研究台積電有沒有價值？」

陳東升的邏輯很簡單，臺灣經驗的解釋，起碼要有臺灣自己的觀點，不要將話語權留給別人。台積電從代工變成虛擬晶圓廠，再變成開放創新平臺，建立一種全新的「設計技術偕同優化」（Design-Technology Co-Optimization, DTCO）模式，如果能把台積電的現象研究清楚，說不定可創造出一套新的世界分工生產製造理論，開啟理論典範的創新，這不只提升了臺灣能見度，還帶來了知識上「在地全球化」的可能性。

不僅半導體產業如此，在所有國際管制協定的擬定過程中，例如關於敏感科技的共同準則，臺灣也應該掌握發言權；「既然現在國際上認可臺灣的重要性，就應該讓臺灣加入、講出我們的看法，如此才能確保管制是在民主同盟的共識下進行。」陳東升強調。

許多人眼中的臺灣，科技產業最重要的是半導體，生活體制最重要的則是民主制度，兩者都是世界認識臺灣的「關鍵字」。陳東升解釋，《經濟學人》（The Economist）稱臺灣是民主價值同盟的最前線，守住臺灣就等於守住民主。我們要讓所有民主國家確認我們的核心價值，也讓非民主國家看到民主同盟支持臺灣維持民主價值的決心。

註：源於英譯phenomenal一詞，人們把某個或某些事物的特殊性歸結為一種現象，這種現象的規律以及程度稱為現象級。

林明仁也認為：「全球政治情勢臺灣關注度更勝以往，若能把握這波國際上的臺灣熱，在世界頂尖大學拓展以臺灣研究為主的議題，建立學術研究平臺，提供深入了解臺灣的管道，也能提高臺灣在學術研究的國際影響力，以人文社會學術外交強化國家軟實力。」

跨國交流日益熱絡

科民社在成立之初，就刻意將不同世代的人串聯在一起，諮詢委員平均約六十歲，領導的教授如杜文苓主任、連賢明副主任大約五十歲，博士研究員三十到四十歲，海外研究員二十到三十歲，其中四十歲以下的新世代人才儼然成為主力。

不僅有新世代人才，科民社也號召各領域的資深專家加入，包括楊光磊、李喜明都擔任顧問，與新世代之間激盪出有趣的火花。

楊光磊過去曾擔任台積電研發處長，被譽為「台積電研發六騎士」之一，在臺日韓三方新興科技戰略對話論壇上，日、韓都指定希望楊光磊參加，希望更深入了解台積電；過去曾擔任參謀總長的李喜明，因為關注全民國防的議題，因此與科民社在軍民通用科技方面有所合作，並在政治大學開設類似全民國防的課程。

科民社的定位清楚、加上研究能量豐沛，成立還不到一年，就與美國、日本、韓國、法國等國家進行密切交流，放眼全世界研究科技、國家安全和經濟安保的智庫，超過一半都已有實質交流，許多國家更指明要跟科民社交流。

例如在臺灣舉行的首屆臺法科學研究會議，法國總統馬克宏的人文學科顧問 Pierre-Paul Zalio 及法國國家研究總署（ANR）Honorata Plewinska 就與陳東升、杜文苓及科民社的多位研究員展開臺法雙邊交流會議，針對臺法近期新興科技與國際局勢變動議題進行討論；韓國駐臺代表李殷鎬也表示要促成韓國智庫與科民社的互動。

讓年輕世代與海外研究員，有機會了解國家的科技政策、科技預算，還有產業的完整樣貌，「這是在培養一個世代，我覺得這件事太重要了，光是這一點就非常值得，」陳東升興奮地說。

說好故事的能力

林明仁在媒體訪問時說過：我們在技術上無可取代，但是如何把「技術無法取代」的優勢，轉成在「故事」上也無可取代？要創造自己的故事，靠的必須是人文社會科學的素養。現代社會中有很多科技突破，對人類社會帶來深遠的影響。然而，它如何影響？影響哪一群人？能闡述這過程的，只有人文社會科學專家。

林明仁說自己做研究的初衷，就是「把臺灣的故事說給世界聽」。臺灣多元的歷史、特殊的地緣位置、年輕的政治發展、令人驚訝的經濟成長，以及有活力的公民社會，都在在向世界宣告我們的獨特性。

「我們常研究很多科技，卻不擅長講故事、描繪願景，做生意就會吃虧。」走訪歐洲各地的吳政忠有感而發地說，其實機會就在日常生活中，例如法國把農業發展成聞名世界的葡萄酒，義大利有獨樹一格的慢食主義，臺灣過去卻徒然放掉很多好機會；「如果能注入更多人文社會的力量，凡事加上科技都可能變成有價值的東西。」

「文化的轉變需要時間，但只要開始就有機會！」吳政忠對人文社會與科技的匯流充滿期待，也深具信心。

---

1 普惠科技，立足於「機會平等要求」和「商業可持續原則」，盡最大可能降低科技成果、科技產品的獲得成本，讓社會各階層和群體都能得到普及。普惠科技不僅是模式創新，更需要商業持續性，用更容易的方式讓科技產品能融入自己的生活。

2 適當科技的概念，最早出現在英國經濟學家修馬克(E.F.Schumacher)的名著《小就是美》(small is beautiful)，並影響了二十世紀晚期生態思潮與實踐，除了鼓吹生態，更關注的是：人與人之間、人與勞動之間的關係，他倡導根植於佛教儉樸、非暴力、「中道」、「正業」等價值觀的佛教經濟學，也就是認為應「以人性為尺度，科技適當就好」！

3 林敏聰相關論述，參考資料：《「臺灣永續棧」——翻轉學術、連結實踐（Taiwan Sustainability Hub, TSH）》；《創造更好的跨域研究環境 引導產業投入基礎研究》，DIGITIMES。

4 林明仁相關論述，參考資料：《人文與社會科學簡訊》，二十一卷二期（二〇二一年三月）～二十四卷一期（二〇二三年十二月）；《臺灣運動的時空膠囊：從競技比賽擴及全民運動，從傳統訓練走進科學化訓練》，科技魅癮；《訓練會說好故事，顛覆傳統的大學生》，CHEERS快樂工作人。

圖・達志

08

在豐饒的晶片園地

看見百工百業的群花盛開

二〇二一年到二〇二二年間，吳政忠陸續到中東歐三國、德國、法國等國訪問，當時全球正面臨「晶片荒」，許多國家的官員劈頭就問：臺灣能否多給我們一些 chips ？吳政忠笑著回答：你們要的是薯片還是晶片？

雖然大家都知道這是玩笑話，但他意識到，臺灣晶片產業的能見度與重要性與日俱增。雖然為自己的國家感到驕傲，但不斷縈繞在他腦海的問題是：有什麼方法能夠乘勝追擊，讓臺灣的晶片優勢持續發揮、甚至進一步提升，同時散佈到各行各業？

經過一年多的布局，二〇二三年中，吳政忠研提了「晶創臺灣方案」。強調均衡包容的行政院院長陳建仁，對科技發展相當敏銳，迅速支持這個關鍵戰略布局，在主動協調年度預算案後，即宣布十年內將投入三千億元，支持「晶片驅動臺灣產業創新方案」，預計二〇二四年正式啟動。有些人質疑為何在蔡英文總統第二任任期的最後一年提出「十年計畫」，但吳政忠看得十分清楚：目前全世界都在仰賴臺灣的半導體產業鏈，而生成式 AI 的出現，更將催生許多產業創新。臺灣擁有與生活相關的優質數據，再加上與台積電和封裝測試業的緊密合作，已經掌握了這個戰略制高點，如果能在半導體製造的優勢基礎上進行補強，就能為臺灣產業創造另一個高峰。

「我如果不提出，就是我失職，」他斬釘截鐵地說，全世界不會等臺灣，科技與產業布局絕對不能等，再晚一年提出的效果就不一樣了！

科技布局 非一蹴可幾

如果要了解「晶創臺灣方案」的推出背景，就得先理出臺灣半導體產業的成長脈絡。

鈺創科技董事長暨創辦人盧超群，可以說是一部半導體產業發展的活字典，隨手拈來過去半世紀以來臺灣半導體技術從無到有的演進——第一波在科學園區培養人才，第二波到美國無線電公司（Radio Corporation of America, RCA）取經，第三波台積電與聯電誕生，第四波則是自建八吋廠，第五波建立完整生態系統，構成現在的半導體產業鏈，更形成臺灣的護國群山[1]。

一九八九年，政府為了引領臺灣半導體產業建立自主研發技術，委由工研院發展「次微米電子製程發展計畫[2]」。國外一流人才相繼返臺、興建自主技術的八吋晶圓廠，無疑是臺灣半導體產業得以壯大的轉捩點。當時台積電與聯電都還是做六吋晶圓廠，工研院也僅獲得新臺幣七十億元經費，但臺灣只花了三、四年就把第一座八吋廠打造出來，大約是全世界第五到第六座八吋廠。從IBM總部返臺參與次微米計畫的盧超群語帶驕傲地說，「這是很不容易的成就，靠的就是公私協力，而臺灣會做八吋廠後，世界也無法再阻擋我們的發展。」

根據工研院IEK Consulting報告，臺灣半導體產值約占全球二十%（統計至二〇二四年七月），但臺灣GDP只占全球的〇．八%，半導體產業對臺灣經濟的重要性可見一斑。「李國鼎資政如果還在世，一定會非常高興，我們終於從馬後炮變成馬前炮了，」盧超群有感而發地說。

全民見證台積電歷史和奇蹟

二〇二四年七月初，台積電在臺灣股市的股價首度突破千元大關，在美國掛牌的ADR市值也首度突破一兆美元，這是台積電的新里程碑，國人也都與有榮焉。

曾幾何時，台積電不只是支撐臺灣經濟的護國神山，甚至平民百姓都對其耳熟能詳。超微 AMD 執行長蘇姿丰形容臺灣是全世界唯一連一般民眾都對 CoWoS 先進封裝[3]測試有所了解的地方；國人到日本熊本旅遊，發現到處都很歡迎臺灣人，因為他們明顯感受到台積電在當地設廠促進了當地經濟繁榮。

盧超群坦言，過去臺灣的資源並不充分，但靠臺灣人的腦力開創出最困難的半導體產業，主要關鍵就在於從人才、科學、技術、產業，一環扣著一環，這條產業鏈讓我們突圍、取得門票，「如果缺乏這些環節，即便是國力強大、資源充足的國家如中國、俄羅斯、英國、法國、德國，也不及臺灣在半導體領域的成就。」

台積電與臺灣半導體生態系，創造了一連串不可思議的奇蹟，但在風光的背後，臺灣半導體產業正面臨前所未有的挑戰。

晶片戰爭愈演愈烈

二〇二二年底，由 Chris Miller 所撰寫的《晶片戰爭》（Chip War: The Fight for the World's Most Critical Technology）一書在全球熱銷，他將半導體形容為全球最關鍵的科技，深入解析地緣政治下中美對峙及全球半導體競爭的新賽局，其中臺灣正是故事的主角之一。

在過去幾年，半導體產業已從經濟與產業的層次提高到國安層次，不僅中美晶片戰打得火熱，各國也都將半導體與晶片視為關鍵產業，傾國家資源全力補助與支持相關產業；尤其在 COVID-19 疫情之後，各國爆發晶片荒，包括電腦、汽車、醫療設備和軍用晶片都在缺貨名單之列，更讓主要國家不得不加速因應，相繼推出國家級「晶片法案」，以期達到晶片製造自主化，降低對其他國家的依賴。

美國總統拜登在二〇二二年八月簽署《晶片與科學法案》（Chips and Science Act of 2022），提供五百二十七億美元（約新臺幣一兆七千億元）致力於支持美國晶片研發、製造及培養相關人才；歐盟執行委員會（European

Commission）則於二〇二三年七月通過《歐盟晶片法案》（EU Chips Act）草案，預計在二〇三〇年前投入四百三十億歐元（約新臺幣一兆五千億元），資助新創企業、規模化企業及中小型企業進行晶片相關研究、設計與製造，以提高歐盟的全球半導體產值比重。

中國則是自二〇一四年起就成立中國國家集成電路產業投資基金（簡稱大基金），旨在促進晶片產業發展，實現半導體的自給自足。二〇二四年上半中國正式成立第三期，註冊資本達人民幣三千四百四十億元（約新臺幣一兆五千億元），較第二期增加七十二%，為了突破美國封鎖，將重點投資AI晶片、高頻寬記憶體（HBM）、先進半導體設備、半導體材料等。

亞洲其他國家也不落人後，南韓於二〇二一年五月提出K半導體戰略（K-Semiconductor Belt Strategy），預計在接下來十年投資五百一十兆韓圜（約台新臺幣十二兆元），目標是在二〇三〇年建設為全球最先進、最大的半導體產業供應鏈生產基地，顯而易見就是把臺灣當成頭號假想敵，意圖超越台積電。

一九八〇年代曾在半導體產業獨占鰲頭的日本，也祭出總金額超過一．

二兆日圓（約新臺幣二千五百億元）的晶片法案，涵蓋製程技術研發、晶圓製造及晶圓材料三大領域，除了補助台積電在日本設廠外，還有自己的尖端半導體科技中心（The Leading-edge Semiconductor Technology Center，LSTC）計畫和Rapidus公司，希望能夠重振日本半導體產業。

在東南亞國家方面，印度政府在二〇二四年二月底宣布，將同時投資三家半導體工廠，總金額高達一百五十二億美元（約新臺幣五千億元），預計帶動兩萬個高科技職位和六萬個間接工作機會，而臺灣的力積電也透過技術授權的模式，協助塔塔集團（Tata Group）在印度興建第一座十二吋晶圓廠。

此外，馬來西亞也公布國家半導體戰略，宣示在未來五～十年撥款至少五十三億美元（約新臺幣一千七百億元）發展本地的半導體公司，並培訓六萬名半導體工程師；越南政府則是承諾在二〇三〇年前投入十．八億美元（約新臺幣三百五十億元）培訓五萬名半導體工程師。凡此種種，都顯示半導體產業已成為全球各國競相發展的重點產業。

在原地踏步等於是讓別人超越

國際間的競爭壓力排山倒海而來，在市場上正面交鋒的半導體業者感受最為直接，如果不是跨步向前，在原地踏步就等於是拱手讓別人超越。

二〇二三年三月二十八日，臺灣半導體產業協會（TSIA）在新竹科學園區發表「臺灣 IC 設計產業政策白皮書」，提出包括總體面、人才面、營運環境面的六大政策建言，建議從府院層級帶頭建立國家級的 IC 設計業國家戰略，並制定完整的「臺灣晶片法案」，不僅關注半導體製造，也應同時關注 IC 設計及下游系統產品應用、生態系、軟體等各方面。

這是國內首次由 IC 設計產業界發起的政策白皮書，而且由聯發科董事長蔡明介親自擔任總諮詢顧問，並透過專業媒體 DIGITIMES 一起發布，充分顯示業界的重視與焦慮。

白皮書指出，根據 TSIA 統計，二〇二二年臺灣 IC 設計業共創造約四百億美元（約新臺幣一兆三千億元）產值，取得全球十八%的市占率，排名世界第二，僅次於美國的六十三%。儘管中美之間的晶片對抗相當激烈，但中國許多

IC 設計業者早就獲得政策補助，大舉進攻未受禁令的成熟製程晶片，不少臺灣中小型 IC 設計業者日益受到排擠，臺灣 IC 設計的整體市占預估在二〇二六年恐將被中國業者超越。相較之下，臺灣的晶圓代工全球市占率約六十五%，IC 封測全球市占率約五十三%，都是獨領風騷，也難怪在半導體產業鏈構成的護國群山中，IC 設計業會顯得憂心忡忡。

半導體業界的重量級領袖盧超群，對於 IC 設計業也有著同樣的焦慮。「如今台積電走路有風，但臺灣的 IC 設計卻顯得有氣無力，」他這麼比喻，「我們有一朵玫瑰花正在盛開叫台積電，然而 IC 設計的花卻在凋謝，如果不好好澆灌、留住人才，很快也將枯萎。」

根據 TrendForce 研究顯示，二〇二三年全球營收前十大的 IC 設計業者中，聯發科、聯詠與瑞昱分別排名第五名、第七名與第八名，但營收都比前一年下滑。盧超群直言，除了聯發科以外，臺灣幾乎沒有一家世界級的 IC 設計公司，即使聯發科有頗具競爭力的手機晶片，但能否吃到 AI 大餅還是未知數，因為關鍵架構都掌握在別人手上。

對於下個世代的 AI 晶片競局，臺灣是否已經準備好了？

AI on Chip 在業界播種

盧超群還有一個身分，是「臺灣人工智慧晶片聯盟[4]」（AI on Chip Taiwan Alliance，AITA）會長，這個聯盟成立於二〇一九年七月，比二〇二四年正式啟動的「晶創臺灣方案」早了四年多，但 AI on Chip 的觀念，已經在業界撒下無數種子。

二〇一七年七月，行政院科技會報辦公室（現為國科會科技辦公室）主辦智慧系統與晶片產業發展策略（SRB）會議，共有上千位學者專家受邀與會，討論焦點之一即為訂定我國未來 AI 推動策略。二〇一八年起行政院將 AI on Chip 列為政策方針，二〇一九年「臺灣人工智慧晶片聯盟」正式成立，至今已匯集了超過一百七十家公司。

盧超群認為，如果沒有這四年多的準備，當生成式 AI 時代來臨，我們一定會措手不及。AI 最重要就是能與各種產業結合，互相呼應又融會貫通，我們只要扮演園丁的引導角色，讓花朵自己按本性成長，甚至與其他植物結合，「只要有好的環境與規劃，辛勤播種澆灌，花朵自己就會盛開。」

在AI浪潮下，半導體產業的思維將從水平分工走向類垂直整合，臺灣要在類垂直整合中扮演重要環節，產業界的承先啟後相當重要，但政府的戰略規劃也很關鍵，他深切期許政府能夠扮演好燈塔的角色。

從盧超群的角度觀察，「晶創臺灣方案」十年新臺幣三千億元的預算不算多，但確實給了產業界很重要的活水源頭，「臺灣如果能發揮異質整合、良品裸晶與晶圓代工的核心競爭力，並找到半導體跟AI爆發的突破點，未來的成長絕對不是乘法級而是指數級！」

成為名副其實的IC設計重鎮

二〇二四年五月七日，科技大樓二樓會議室熱鬧非凡，包括盧超群、力積電董事長黃崇仁、陽明交大產學創新學院院長孫元成等產學研界的重量級人物齊聚一堂，共同參與「晶創臺灣推動辦公室」的揭牌儀式，見證我國有史以來金額最高的國家級科研計畫啟動。

吳政忠宣示，「晶創臺灣方案」以半導體優勢結合生成式 AI，希望帶動臺灣全產業的創新發展，這是攸關臺灣未來十～二十年科技國力的關鍵布局，目標很清楚：要讓臺灣成為 IC 設計重鎮，將十年後臺灣 IC 設計的全球市占率從目前的十九％提升到四十％，先進製程七奈米以下市占率則從目前六十％提升到八十％。

為了推動「晶創臺灣方案」，國科會力邀臺灣大學電機工程系特聘教授，同時也是臺灣大學重點科

晶創臺灣推動辦公室揭牌，打造臺灣下一世代的科技國力。

技研究學院院長的闕志達，擔任晶創臺灣推動辦公室代理執行長，布局「產業創新」、「新創培育」、「關鍵技術」、「海基人培」四大領域，扮演跨部會協作與產官學研的溝通平臺，並隨時因應國際政經情勢的變化與科技創新的發展，滾動調整整體策略規劃。

超前部署主動出擊

「晶創臺灣方案」出爐，讓業界頗感振奮，有些人認為國科會是被動回應二〇二二年三月 IC 設計白皮書的建言，但其實國科會先前就已超前部署、主動出擊。

吳政忠解釋，我國的預算編列時程，都是在預算年度之前兩年編列大項目，預算年度前一年編列細目，二〇二三年年中，國科會就將「晶創臺灣方案」首年一百二十億元預算，編列到二〇二四年度預算中，到了二〇二三年二～三月間，愈來愈多人開始關注生成式 AI，於是也把一些生成式 AI 的計畫整合進來，「沒有超前部署就沒有預算，這是之前就布好的局，如果等到業界提出再做就來不及了。」

吳政忠早在二〇二一年底自中東歐訪問回臺後，就一直與團隊思考如何布局未來的半導體產業，晶片製造是高度資本密集的產業，台積電一座晶圓廠動輒要投資兩百億美元，不是每個國家都有足夠的資本，但IC設計是輕資產、研發導向的產業，未來與各國合作的機會反而更大。

二〇二二年一月七日，吳政忠在主管會議中提出一個議題：臺灣科技產業的發展走向，應以半導體為核心，並思考如何擴展到其他領域，後來這也成為「晶創臺灣方案」的基本理念。

二〇二二年十～十一月，吳政忠在訪問德國與法國後，更加強了這個想法，臺灣半導體產業在全球有不錯的成績，但這還不夠，他深知半導體是未來產業創新的核心，但臺灣不能只依賴IC設計與半導體；「我們要利用半導體優勢拓展到其他產業，讓這個效益擴散到百工百業。」

二〇二二年底，吳政忠找了六大半導體學院的院長，還有多位IC設計業界的領袖一起開會討論，大家的共識是「臺灣不能只有半導體產業，但沒有半

晶創臺灣方案布局未來科技國力

臺灣晶圓製造、封測全球NO.1的下一步

晶片臺灣方案 四大策略布局

趨勢

地緣政治
改變國際競合關係

各國競逐
掌握半導體產業

生成式 AI
引發新工業革命

一
結合生成式 AI+
晶片 帶動全產業創新

二
強化國內培育環境
吸納全球研發人才

三
加速產業創新所需
異質整合及先進技術

四
利用矽島實力吸引
國際新創與投資來臺

願景

掌握晶片與生成式
AI 變革
驅動全產業超高速
創新

培育、引進晶片人
才與新創
奠基十～二十年後
的科技國力

導體也走不遠」，因此提出了 Chip-based innovation 的概念，IC 晶片是所有產業創新的基礎，臺灣應思考讓 IC 設計為食衣住行育樂等產業服務，大家一起來享受這樣的成果。

獨一無二的國家晶片戰略

政治是妥協的藝術。社會上確實一直存在不同的聲音，有些人認為半導體產業已經夠強了，政府應該將資源分配到其他較為弱勢的產業，但有些人認為臺灣的半導體產業具有獨步全球的優勢地位，沒有道理不繼續投資、讓別國彎道超車。

在闕志達眼中，「晶創臺灣方案」的精神不是妥協，而是雨露均霑，因為半導體業是相當重要且特殊的產業，不僅與各行各業都息息相關，而且與國安議題密不可分。

「有人說不該把雞蛋放在同一個籃子裡，但這是我們的優勢，應該持續發展。就像如果有選手很擅長跑百米，你會讓他繼續精進還是改練其他項目？」

闕志達這麼比喻。

更何況，半導體是一個賦能（enabling）的產業，一輛五萬美元的汽車，缺少幾個微控制器（MCU）就無法出貨，一個小小的晶片，就能槓桿出巨大的產值。

半導體產業有著特殊的外溢效應，不只對每個行業都很重要，還跟國家安全息息相關，對臺灣有絕對價值，這是其他產業無法做到的；譬如說，你可以烹飪出國際間讚嘆的美食，但那不能保障國家安全。

「政府要照顧所有人，不能獨厚某一方，但又不能因為要照顧所有人而忽視最優秀的產業。」闕志達形容，就像家裡有多個孩子，你希望公平，但又知道有些資源集中更有效益，卻也不能完全忽視其他孩子。

在這樣的思路下，「晶創臺灣方案」無疑是兩全其美的解方，關鍵在於要發揮擴散效益，讓科技的果實惠及更多人。「我們希望獲益的人和公司愈多愈好，不要只局限於 IC 設計公司，晶片創新不只在半導體領域，而是帶入百工百業，創造有利於技術研發與產業創新需求的互動機制；如此一來，不僅半導體產業的優勢得以繼續發揮，各行各業都能因為加值與升級而同步受惠。」

闕志達坦言，「晶片臺灣方案」的預算跟其他國家無法相提並論，但著重在晶片的外溢效果，希望擴散到不同行業的願景，卻是獨一無二的。

半導體、工具機攜手並進

盧超群也相當認同「晶創臺灣方案」的精神，因為在各種場合，經常聽到行業代表抱怨半導體產業吸納太多國家資源，而排擠到其他產業，但卻很少人反向思考：半導體與其他行業可以攜手並進。

盧超群有次參加全國工業總會會員大會，當時高雄工具機協會理事長恰巧坐在他旁邊，這位理事長激動地說，因為國家的資源都給了半導體產業，讓半導體產業得以提供高薪，導致人才都被挖走。台塑集團總裁、當時的工總理事長王文淵聽了之後，就問盧超群能否代表半導體產業做些回應。

盧超群告訴這位理事長，你的話有些言之成理，我們確實有搶到資源，對你們很抱歉，但包括工具機在內的所有產業，未來都將由AI與半導體來控制，這是無可抵擋的趨勢，有沒有可能大家不要互爭資源、而是建立一項合作計畫？

他的想法是，透過工總的平臺開啟AI工具機計畫，由相關業者協助將工具機加入AI功能，讓工具機不只是傳統的生產機械，也能具備AI自動運算、蒐集數據及解決問題的功能；如此一來，工具機業者整合AI又能整合半導體，做出來的工具機一定無人能及。

盧超群的提議，化解了當場的尷尬氣氛，後來這位工具機協會理事長也回應說，如果你們真的願意這樣幫助我們工具機產業，我就不反對半導體了；在工總的媒合下，工具機廠商開始與AI業

半導體創新暨產業新創高峰論壇，邀集產官學研專家於一堂，共謀臺灣經濟新局。

者及半導體業者攜手合作，並有初步成果，而這也說明了「晶創臺灣方案」不獨厚半導體業，而是將晶片成果擴散到百工百業的做法，正是化解其他產業疑慮的最佳解方。

鼓勵先進製程與高值應用

二〇〇二年，由交通大學（現為陽明交通大學）校長張俊彥一手推動的「晶片系統國家型科技計畫」（簡稱矽導計畫[5]），以系統單晶片（SoC）為核心為我國的 IC 設計產業打下深厚基礎；二〇二四年啟動的「晶創臺灣方案」，則是瞄準 AI on Chip 的趨勢，期盼用晶片驅動未來的產業創新。

「我們將晶片的定義擴大，不僅限於新設計的晶片，只要能運用晶片創造新應用，都屬於晶創的範圍。」闕志達表示。二〇二四年啟動的晶創計畫有十多項，其中包括前瞻韌性安全創新應用、非地面通訊、生醫／新農業、建置新一代超級電腦、6G 晶片在內，涵蓋範圍相當廣泛。

當然，「晶創臺灣方案」針對 IC 設計業也端出許多牛肉。經濟部提出「IC

設計攻頂補助計畫」、「驅動國內 IC 設計業者先進發展補助計畫」，分別針對大型和中小型 IC 設計公司提供研發補助，其中「IC 設計攻頂補助計畫」鼓勵業者朝七奈米（含以下）晶片製程及異質整合封裝技術研發；至於「驅動國內 IC 設計業者先進發展補助計畫」，則是鼓勵業者研發十六奈米（含以下）晶片，鎖定 AI、高效能運算（HPC）、車用等高值化產品應用市場，以及資安、通訊、無人機、航太、生醫、農業等特殊應用。

國科會也舉辦「IC Taiwan Grand Challenge 徵案競賽」，徵求有意與臺灣半導體產業合作的全球團隊，以「IC 設計創新」與「晶片創新應用」為題提出精進技術或應用方案，獲選團隊可獲得啟動資金與多元鏈結與資助，並到臺灣進行晶片的執行設計。

「我們希望擇優補助一些公司之後，一、兩年內會出現下一個世芯那樣的三千元股票。」闕志達信心滿滿地說。

人才延攬開大門走大路

在臺灣大學重點科技研究學院時，闕志達經常以院長身分接待外賓，許多外賓都會問同樣的問題：臺灣半導體業成功的祕訣是什麼？他的回答不外乎人才（talent）、技術（technology）和生態系統／基礎設施（ecosystem/infrastructure）；而這些成功的祕訣，也是臺灣半導體業能否持續保持優勢的關鍵，當然也是「晶創臺灣方案」的重點方向。

闕志達表示，臺灣培育了相當優秀的半導體人才，但學校的正規教育跟不上產業發展的速度。如今，半導體業已進入十二吋晶圓時代，人才短缺的情況依然嚴重。

有鑑於此，吸納國際人才是必然的方向。國科會旗下的國家實驗研究院臺灣半導體研究中心（TSRI），已與捷克理工大學簽約，成立首座晶創海外基地，著手培育國際化的基礎晶片設計人才。

經濟部也提出「半導體東南亞攬才計畫」，由半導體大廠主管及半導體學院代表前往馬來西亞、新加坡、印尼、越南、菲律賓等國家，向當地的大學生與碩博士生招手。

「以臺灣半導體的品牌效應，無論是來臺求學還是就業，應該都能吸引不少當地人。」闕志達認為。

此外，推動臺灣也走向先進及開放的產業環境，他也與國際半導體產業協會（SEMI）討論，希望建立一個機制，讓臺灣企業和外商互相接納對方的學生來實習，例如讓歐洲學生來臺灣半導體公司實習，臺灣學生也能去歐洲半導體公司實習。

打造亞洲矽谷向世界招手

「我們歷經五十年的努力，在島上開出半導體這株奇葩，在即將進入第六個十年的此時此刻，我們也抓住了良機搶先布局。」盧超群期待，有更多年輕人投入AI晶片半導體這個產業，成為英雄，而且是成為具有智慧、能力，敢於挑戰的世界級英雄。

而「晶創臺灣方案」，就等於是要向臺灣及全世界發布「英雄召集令」！

「全世界很難找到一個像臺灣這樣友善的地方，可以讓新創企業實現創新的夢想。」在吳政忠的藍圖中，臺灣如果能布建完整的半導體生態系統，真正成為 IC 設計重鎮，就能吸引大型資金、尤其是美國矽谷的資金來臺灣投資；只要臺灣能擁抱頂尖品牌和國際視野，就能成為全世界的年輕人和新創企業的夢想之島，經濟活水也將源源不絕。

1 臺灣半導體業產值能發展到占全球第二、第三大的地位，歸功於四十五年前政策推動一項積體電路（IC）發展計畫，半導體業大老胡定華毛遂自薦負責這項經費不到五億元的計畫，卻一路帶領創立工研院電子所、推動引進美國無線電公司（RCA）技術、培育人才與建示範工廠、衍生聯電與台積電等公司，為臺灣半導體業扛起開路先鋒的重責大任。RCA技術授權項目包括電路設計、光罩製作、晶圓製作、封裝／測試應用與生產管理。

2 政府於一九八八年積極醞釀朝次微米領域發展，希望引領臺灣半導體產業建立自主研發技術，追上國際大廠腳步，因此委由工研院自一九九〇年起執行為期五年「次微米電子製程發展計畫」。這在當時，是臺灣空前的大型科專計畫，各界皆相當重視。

3 CoW全名為「Chip-on-Wafer」，是指將晶片堆疊的技術。WoS全名為「Wafer-on-Substrate」，是指將晶片堆疊、封裝在基板上。CoWoS先進封裝是一種2.5／3D（立體）的封裝技術，將晶片堆疊，再封裝於基板上，就能縮減晶片占用的面積，降低成本和驅動晶片的耗能。

4 全球搶攻人工智慧商機，AI晶片扮演核心大腦角色，是未來智慧裝置的關鍵元件，更是各界看好臺灣半導體產業下一波的新機會。政府推動「臺灣AI行動計畫」，積極發展智慧系統以推升「五加二產業創新政策」，其中AI晶片運算能力是發展所有智慧系統及智慧物聯網（AIoT）的核心。行政院科技會報與經濟部攜手產、學、研於2019年成立「臺灣人工智慧晶片聯盟」（AI on Chip Taiwan Alliance，AITA，諧音愛台聯盟），並組織四大關鍵技術委員會，目前由盧超群博士擔任會長。

5 前交通大學校長張俊彥從二〇〇二年起，以總召集人的身分，開始推動「國家矽導計畫」。計畫重點有三，分別是建立全球設計平臺、開創矽智財中心（Silicon IP Mall）、推動創新設計產業，這三個目標以IP整合與開發作為基礎，發展SoC（系統單晶片）設計作為具體目標，兩者帶動臺灣IC設計產業整體提升，為臺灣帶來「第二次產業躍升」的新契機，並且把臺灣從全球半導體製造中心，提升為全球設計與軟體大國。

圖．達志

09

以科技鏈結世界

看見臺灣的新座標

二〇二一年十月，臺灣跨部會暨產官學研考察團，一行人浩浩蕩蕩前往斯洛伐克、捷克、立陶宛等中東歐三國訪問，那時 COVID-19 疫情已在全球蔓延，結果第一天在斯洛伐克首都布拉提斯拉瓦，有一位團員驗出陽性，全團六十六人恐提前回臺。染疫的陰影籠罩全團，幾位部會首長緊急開會，決定依照隨隊醫官的指示，連續三天進行檢驗，確定大家無恙後再上路[1]。

隔天，全員在多瑙河畔，用三倍價格買來的快篩試劑進行篩檢，還好驗了之後都沒事，大家才暫時鬆了一口氣。所幸，後來幾天的行程，除了布拉格市區參訪活動取消外，其餘都順利進行，大家也都健康地完成任務。

當機立斷的決定，順利進行的不只是十天的考察活動，而是奠定一連串科技上國際合作交流的立基點，從此開啟科技外交的扉頁。

世界主動向臺灣招手

二〇二〇年初爆發的疫情，封鎖了國與國的邊境，也阻擋了人與人的自然交流，但並未影響到科技部（國科會）衝刺科技外交的決心，主動出擊、提高層級，與諸多先進國家及民主夥伴進行高層交流，更與美國、德國、法國、澳大利亞、加拿大簽訂了部會層級的科學與技術合作協議或協定，涵蓋半導體、量子、人工智慧、淨零及生醫等領域[2]。

這樣的進展，吳政忠認為背後有不得不然的因素，總結一句話：臺灣被世界看到了！除了半導體與科技發展的實力讓臺灣的國際能見度不斷提升之外，也與 COVID-19 疫情、俄烏戰爭、美中科技競爭這三大因素密切相關。

「這次疫情讓世界看到臺灣在半導體供應鏈上的重要性，同時美中對抗和俄烏戰爭，也讓各國看到共產國家的不可預測性，整體風向讓臺灣占到一個有利的位置。」吳政忠這麼說。

過去各國顧忌中國，臺灣參與的國際場合，只要中國加以阻撓或抵制，各國政府就會退縮，後來甚至連非政府組織的會議也要干預。這使得臺灣在政府、產業或民間的外交工作很難突破封鎖；「但這幾年情況明顯改觀，其中尤以歐盟的改變最大，歐洲各國部會高層都願意來臺訪問，這在過去是很難以想像的。」中華民國無任所大使陳正然也有深刻的感觸。

「我們展現實力後，情況徹底反轉，變成世界主動向臺灣招手。」陳正然興奮地說，過去八年以來，臺灣讓世界看到，無論處於疫情的緊急狀況或在恢復期間，臺灣的經濟表現與韌性都是世界前段班；因為對臺灣的科技實力充滿信心，許多國家都積極爭取臺灣的投資與合作。

二〇二三年陳正然參與臺灣的資電資服業參訪團前往中東歐，事實上在地大使有多年都未能踏入當地政府單位，但當時大使陪同這個參訪團卻獲得多位部長在其官署接見，甚至有部長獲悉有臺灣科技訪問團後主動約見，「證明實力就是一切！」

科技成國家最關鍵資源

「用科技進行外交是可行的，而且已是現在進行式！」陳正然早在二〇一七年，就觀察到中美之間的貿易衝突，根本上是一場科技戰；過去幾年，國際地緣政治愈顯重要，傳統地緣政治是基於地理位置、重要海峽、軍事實力等因素，如今科技已成為新的戰略資源，開啟了新的地緣政治角力。

陳正然認為，數位科技儼然已成國家最關鍵戰略資源，未來一個國家的實力，可能取決於誰的超級電腦最強大、數據量最龐大、數據品質最優秀……。一旦科技真的成為國際最重要的戰略資源，在國際合作與外交談判時，科技將成為最重點議題之一；由於臺灣在科技上原本就有厚實基礎，加上過去幾年科技政策正好走對趨勢發展，因此在國際利益談判時，就握有很多的籌碼，可以善加思考應如何有效運用這些資源。

舉例來說，臺灣在高階晶片生

二〇二三年臺法共同宣布完成簽署科技合作協議。

產方面獨占鰲頭，在可預見的未來也將維持一定優勢，任何一個國家如果需要持續增強算力，就要對臺灣釋出善意，彼此交換或共享一些資源，「你對我們好，我們也會對你好，」陳正然點出了國際政治競合的現實與事實。

從被動配合到主動爭取

「在國際合作方面，臺灣過去多是被動配合，但現在已經不可同日而語。」吳政忠愈是常出訪各國，愈是感受到臺灣的科技地位正在提升，「他們覺得我們很厲害，但我們面對美國、日本、德國時，沒有那麼有自信，其實各有各的優勢與不足，很多國家都願意和我們合作。」

過去臺灣與國際間的科研交流局限在學校或學者之間，現在到部會層級、甚至是國家科技外交的層級，涉及的層級更高、範圍更廣，談判的難度也增加。但國科會團隊的目標很清楚，坐上談判桌，就是要為臺灣爭取更多機會！

吳政忠認為，我們可以配合別人，當然也可以主導合作方向，例如在半導體領域，臺灣可以擔當領頭羊，即使在 AI、生醫等產業，也有一定優勢。「雖然還沒到平起平坐的程度，但我們現在要控制節奏，不能讓外國只想著學我們的半導體技術，只想透過我們來接觸台積電；我們要一邊合作，一邊找自己的機會，這是相互妥協與折衝的過程。」

事實上，這幾年臺灣與科技重點國家的合作，就展現了極高的彈性與互補性。例如臺美聚焦在太空、生醫、半導體、資安及 AI 等五大領域；臺德鎖定鋰電池、半導體、氫能及 AI 等四大領域；臺法則是聚焦半導體、健康、海洋、數位、綠色能源及太空等六大領域，完全體現了截長補短、共創雙贏的目標。

臺美科技交流增溫

攤開世界地圖，臺灣與每個國家都有不同的物理距離與心理距離，應該從哪些開始著手？國科會的科技外交策略很明確，從最先進的國家切入，只要搶下幾個指標性的灘頭堡，其他國家自然手到擒來，因此第一個目標就鎖定世界科技強權——美國。

近年來，臺美的關係愈顯緊密，對於簽訂「臺美科技合作協定」（Science

and Technology Agreement, STA）也積極展開進行會談，我方準備了五個主題：太空、資安、AI、半導體、健康生醫，美國首要目標是爭取臺灣的半導體合作，臺灣則希望其他領域也能全面攜手；經過一連串的協商，雙方在二〇二〇年十二月透過視訊會議簽署STA，為臺美科技合作開啟嶄新的一頁。

二〇二二年六月，吳政忠率領跨部會團隊前往美國華盛頓特區拜訪，拜訪了七、八個科研單位的負責人，包括白宮科技政策辦公室（OSTP）、國家科學基金會（National Science Foundation, NSF）、國家衛生院（National Institutes of Health, NIH）、癌症研究中心（NCI）、國家航空暨太空總署（NASA）、國家海洋暨大氣總署（National Oceanic and Atmospheric Administration, NOAA）、國家標準暨技術研究院（National Institute of Standards and Technology, NIST）在內，雙方也敲定隔年「臺美科技合作對話（Science and Technology Cooperation Dialogue, STC-D）」的架構。

二〇二三年五月，首屆「臺美科技合作對話」會議在臺北登場，由美國國務院代理副助理國務卿多諾文（Jason Donovan）率領國家科學基金會、國家海洋暨大氣總署、國家標準暨技術研究院（NIST）、國家衛生院等部會共十三位科研官員及三十多位學者來臺，雙方聚焦在半導體研究與應用、醫療供應鏈韌性、癌症研究、環境模擬研究、研究誠信及多元包容等五大議題，這是臺美首度針對科技議題建立由上而下的政策對話平臺，也是美國國務院首次率領相關部會科研官員組團來臺。

此次臺美的對話成果相當豐碩。除了擴大在半導體及環境模擬研究的合作外，美方也鼓勵臺灣生醫供應鏈進入美國市場，在癌症研究上則將繼續合作，並提高「癌症登月計畫二・〇」計畫目標，希望在未來二十五年內將癌症死亡率降低五十％。雙方也將合作建置科研誠信與安全訓練模組，以促進研究人員對研究安全的理解推動。

臺灣跟以前不一樣了

「雖然美國在許多領域比臺灣強，但現在我們也有自己的利基，我們要更有自信！」吳政忠強調，過去是美國找我們合作，我們就配合，現在他們覺得我們跟以前不一樣了。美國在AI、精準健康、太空、衛星、資安、癌症治療等方面跑得很快，臺灣有半導體的優勢，工研院和新竹科學園區也是美國很想學習的對象，「我的原則是互惠互利，他們想要我們的技術，也要有所付出，才是雙贏的局面。」

吳政忠不卑不亢的態度，即使與世界最頂尖的科學機構合作，也不忘凸顯臺灣的利基。前往美國太空總署拜會時，署長納爾遜（Bill Nelson）親自在辦公室接見，開口便詢問：我們要合作什麼？吳政忠回答：衛星上有許多零組件，臺灣有潛力提供更高階的晶片。

另外，主掌AI政策的國家科學基金會（NSF），聽到臺灣在民生公共物聯網的實際應用，尤其是AI掌水工已有數十公頃的實驗場域，也表達美方的合作意願；其他像是與國家海洋暨大氣總署合作氣象衛星、與國家標準暨技術研究院合作資安標準訂定，也都是從臺美STA延續的合作項目。

十天見到四位部長

臺美科技外交的順利推展，無疑讓團隊累積了很多的信心與經驗值，接下來則是鎖定歐洲。吳政忠認為，歐洲與美國既競爭又合作，對臺灣來說也是平衡美國的重要選擇，恰巧美中科技戰與COVID-19疫情之後，歐洲國家紛紛轉向，「我們的戰略是先搞定德國、法國這兩個重點國家，其他就好辦。」

二〇二二年的臺法科技獎頒獎典禮，剛好是一個適當的時間點。臺法科技獎是根據國科會與法國法蘭西自然科學院（Académie des Sciences）簽署的「臺法科技基金協議」開辦的獎項，開辦迄今已有二十多屆，慣例上都由國科會主委前往頒獎，吳政忠在啟程到法國前，覺得此行只為了參加一項活動太可惜，因此透過國科會駐法、德科技組聯絡，希望順道訪問法、德的科技相關部會。

幕僚回應，歐洲各國因中共的施壓，對臺灣來的部長通常會刻意避而不見。但吳政忠鼓勵團隊勇於嘗試，就算不成也沒什麼好損失的；「趁這個時機，如果試成功，就是得到我們應有的，如果我們不主動爭取，只是被動等待時機，如此想要得到平等的尊重，就不容易。」他有感而發地說。

而由於國際地緣政治形勢發生巨大變化，臺灣的科技實力受到國際肯定，德國和法國對臺灣的態度出現明顯轉變，不僅不再閃避臺灣，反而對於雙邊合作樂觀其成。二〇二二年十一月，吳政忠率團到德國和法國訪問，十天內見了四個部長，都在部長辦公室內進行會談，堪稱科技外交史上的大突破。

「以前他們看我們好像是什麼毒蛇猛獸，這次我自己都很驚訝，怎麼大家都敢見我！」吳政忠笑說。

二十六年來首位德國部長訪臺

時序進入初冬，歐洲已經感覺到明顯的涼意，但在這趟行程中，卻處處感受到滿滿的暖意。吳政忠帶領的訪問團首先拜會德國，與德國聯邦教育及研究部部長史塔克-瓦特辛格（Bettina Stark-Watzinger）舉行六對六的會談，一個小時的交流，氣氛相當融洽，他打鐵趁熱，試探性提出簽訂合作協議的建議，結果德國方面並未反對。

在晚間的臺德交流酒會，史塔克-瓦特辛格邀請了馬克斯·普朗克協會

（Max-Planck-Gesellschaft）、弗勞恩霍夫協會（Fraunhofer-Gesellschaft）等德國十個頂尖學術機構的領導人，與臺灣訪問團共進晚餐，並邀請吳政忠以主委身分進行演講，吳政忠除了闡述臺灣與德國有共同的自由、民主、人權理念價值外，同時向史塔克-瓦特辛格表達感激之意，並強調臺灣的科技實力「這不是我個人的成就，而是臺灣二千三百萬人奮鬥數十年的成果。」

四個月後，史塔克-瓦特辛格排除萬難率十四人參訪團來臺，雙方正式簽署臺德科學及技術合作協議（STA），著重在AI、半導體、氫能、鋰電池等方面的合作。這是二十六年來德國首位部長級官員來訪。值得一提的是，當中共方面明確表達抗議，史塔克-瓦特辛格堅

睽違二十六年德國聯邦教育研究部史塔克-瓦特辛格部長訪臺，與國科會簽署合作協議。

持說她不代表外交部門，這是專業部會間的合作，並不違反「一個中國原則」。

這個態度反映出，過去較為親中的德國，風向已經轉變，也許他們意識到涉足中國太深的風險；德國智庫友人對吳政忠說，過去德國在中國投資很多，但已經產生一些負面效應，比如高鐵技術被中國學會後，中國就搶走了全世界的訂單，德國國內不斷傳出應減少中國投資的聲浪。

臺灣是民主陣營絕佳夥伴

當蹺蹺板開始傾斜，歐美國家紛紛打算降低與中國合作的程度，為了分散風險選擇同一陣線的民主盟友，臺灣顯然是絕佳夥伴之一。

吳政忠記得，在晚宴上有位德國智庫領導人問：俄烏戰爭開打了，臺海情勢是否很危險？他不疾不徐地回答：臺灣與烏克蘭的情況不同，我們面對中國威脅超過五十年了，有臺灣海峽的天然屏障，也懂得如何捍衛臺海安全；但他也不忘機會教育：「如果中國攻擊臺灣，不只是臺灣的事，所有愛好自由、民主和人權的國家都會受到影響，倘使你們不站出來，也會陷入險境！」希望傳達臺灣永遠是民主聯盟最佳夥伴的氣氛。

吳政忠在德國期間也與德國聯邦經濟事務和氣候行動部（Bundesministerium für Wirtschaft und Klimaschutz）部長羅伯特．哈柏克（Robert Habeck）會面，哈柏克當場詢問吳政忠是否能說服台積電到德國投資。吳政忠回答說：臺灣和德國一樣是民主國家，政府無法要求私人企業去任何地方，但如果德國具有完整的生態系統與優秀人才，台積電自然會考慮前往。

返臺後，吳政忠立刻將德國官方的立場轉達給當時的台積電董事長劉德音。台積電在二〇二三年八月公告，董事會拍板通過擬前往德國德勒斯登（Dresden）設置十二吋晶圓廠，投資金額約三十五億歐元（約新臺幣一千二百四十六億元）左右，進一步加深了臺德之間的半導體合作與經貿關係。

從抗拒會談到開心合照

結束五天的訪德行程後，吳政忠一行人繼續前往下一站——法國，拜會了法國高等教育暨研究部長西爾維・雷泰洛（Sylvie Retailleau）與法國能源轉型部長潘妮雅－盧納科（Agnes Pannier-Runacher）。原本法國官員忐忑不安，不願意進行正式會談，但吳政忠堅持如果要談就進去部會辦公室談，最後相談甚歡，還在辦公室開心合照。

後續臺法持續進行協商，法國比德國更謹慎，歷時近一年，才在二〇二三年十一月完成「臺法科學與技術合作協議」（STC）的簽署。在討論過程中，雙方對於文件的名稱各有堅持，法方提出MOU(Memorandum of Understanding)或LOI(Letter of Intent)，我方認為不夠正式，幾經討論，最終定為「Science and Technology Convention」，法文中的「Convention」較接近於「協議」，但在英文，「Convention」是外交層級的「公約」。

二〇二四年四月，首屆「臺法科學研究會議」在臺舉辦，促成法國高等教育暨研究部總司長克萊兒・居希（Claire Giry）率領重要代表及專家來臺。雙方合作也從過去的基礎科學，擴展到半導體與量子、生醫、綠能減碳、AI資安、太空及海洋研究等六大領域。克萊兒・居希特別提及，法國目前重點推動的「法國 2030 投資計畫」（France 2030）所聚焦的重點領域，與「臺法科學研究會議」議題有諸多共通點，期盼推動共同研究計畫並予以支持與落實。

中東歐參訪深化關係

除了德法，國科會在歐洲還有另一個重要戰線——中東歐，包括捷克、斯洛伐克、匈牙利、波蘭、波羅的海三小國在內，二〇二一年底由龔明鑫及吳政忠率領的考察團，更進一步深化了雙方的合作關係。

考察團的第一站來到斯洛伐克，由斯洛伐克科學院（Slovak Academy of Sciences,SAS）國際副主席 Zuzana Panczová 出面接待，並與斯國教育部及研究發展署等代表共同舉辦雙邊科技會議，針對科技產業、高等教育及創新研究等領域交換意見。

吳政忠在會中建議，雙方研究人員可在既有基礎上，進一步申請歐盟新的 Horizon Europe 計畫[3]，同時也強調臺灣身為資通訊產業重鎮，非常重視量子電腦與量子通訊技術的發展，期待兩國在量子科技領域能有更緊密的合作。

此外，新竹科學園區管理局與斯洛伐克 Zilina 大學研究中心也簽署合作備忘錄（MOU），希望結合各自在發展產業聚落與應用技術研發的強項，促成彼此的人員與經驗分享、新創交流、技術及產業合作，發揮如同史丹佛大學研究園區與矽谷的加乘效應。

設立立陶宛科技組

當時另一個經常在國際場合為臺灣發聲的國家，就是立陶宛，中東歐考察團的最後一站來到立陶宛首都維爾紐斯，果然引發該國高度關注。

吳政忠率領團隊拜會立陶宛研究委員會，雙方迅速達成共識，簽訂半導體人才培育、雷射晶體技術、衛星、半導體技術、生技、商機與融資合作等六項MOU；另外也參訪立陶宛創新工業園區，分享臺灣發展科學園區的經驗，並推動雙邊實質交流。

在吳政忠力邀下，立陶宛科研機構高層於二〇二三年二月訪臺，由教育科學及體育部次長雅客斯塔（Gintautas Jakštas）率團，成員包括立陶宛科學院院長班尼斯（Prof. Juras Banys）、立陶宛研究委員會前主席班農納斯（Prof. Romas Baronas）等八人，並召開雙邊科研合作會議，聚焦在生醫研究及雷射科技領域，另外也實地參訪中研院、臺灣半導體中心、臺大癌醫中心、竹科與南科等科研單位。

吳政忠強調，臺灣過去與波羅的海三國——愛沙尼亞、拉脫維亞、立陶宛簽有合作協議，但都是一年執行一、兩個計畫，如今則建立了部長級的實質對話管道。國科會在二〇二二年七月即增設立陶宛科技組，以協助推動更廣泛的科研合作，並進一步強化兩國民主價值夥伴關係。

加拿大、澳大利亞再傳捷報

「現在是成熟的時機，臺灣要把握機會，積極參與國際合作。」吳政忠表示，當他出訪時，提到臺灣已與美國、德國及法國簽訂 STA 時，有許多國家都感到驚訝，原本持觀望態度的國家，因為感受到臺灣的科技競爭力與國際能見度，態度也為之丕變，原先卡關的問題也隨之化解。

國科會乘勝追擊，二〇二四年又接連與加拿大及澳大利亞簽訂STA。四月由時任國科會副主委陳儀莊率團親赴加拿大首都渥太華，簽署「科學技術及創新合作協議」（STIA），並與加拿大聯邦主管科研政策的創新科學暨經濟發展部（ISED）及主要科研機構舉行雙邊科技諮議會議，針對半導體、AI、生物技術等議題進行討論。

陳儀莊透露，她在出發前往加拿大簽約前一週，發現加拿大也有類似「晶創臺灣方案」的晶片計畫，光是二〇二四年就投資超過新臺幣五百億元，特別請幕僚單位研究相關資料並加以分析，作為雙邊會談的參考。

陳儀莊發現加拿大在AI演算法方面是強項，臺灣則是晶片生產占有優勢，因此她向加拿大代表提及，臺加都非常重視半導體產業，各自投入這麼多經費，一旦結盟會發揮加乘效益；未來雙方可攜手開發AI應用，作為亞洲的樞紐，共同展示智慧醫療等成果，加方對這提議也頗感認同。

至於臺澳之間，早在二〇一一年就簽署MOU，但始終欠缺臨門一腳；直到吳政忠在二〇二三年十月出訪拜會澳大利亞產業、科學及資源部（Department of Industry, Science and Resources, DISR）部長 Ed Husic，當面力促簽署臺澳 STA，經過半年的討論與規劃，二〇二四年五月在澳大利亞首都坎培拉正式完成簽署，聚焦於資通訊科技製造、半導體科技與關鍵技術供應鏈韌性、生物科技及淨零轉型等四大重點領域強化合作，也讓臺灣的科技外交版圖再度擴大。

壓力山大的破框之旅

表面上看起來，每次征戰都是充滿驚喜的旅程，但實際站上第一線的同仁很清楚，背後有多少的準

立陶宛教育科學及體育部次長雅客斯塔率團八人於二〇二三年訪臺。

備與積累，還要克服多少的壓力與挑戰。

陳儀莊才剛上任三個月，就接獲「臺美科技合作對話會議」此一重要任務，邀請美國十三位官員來訪，因為涉及五個主題，題目範圍很廣，一方面要跟美方不斷溝通，一方面要在國內連結學界，科國處的同仁焚膏繼晷、每天加班不在話下，深怕有哪個環節出了錯。

過去陳儀莊常去美國，在中研院也擔任過國際事務處處長，總覺得學術之間的國際交流還算單純，沒想到此次活動的層級提高到國務院，美國在臺協會華盛頓總部極度謹慎，要求全程跟隨，每場演講與會談都要事先掌握，同時要求了解我方要講的重點內容，並將所有事情都回報給國務院，讓團隊覺得壓力快要破表。

所幸大家的努力終有好的結果，在國內學者支持下，所有會談都進行得很順利，國務院官員在晚宴上表達感謝與肯定之意，而在參觀新竹園區的設備後，對我國的科技競爭力更是讚不絕口，直說「親眼所見才能相信」，也希望我方有機會再邀請美方長官前來參訪。

「過去國科會只做科學研究，較少接受外交和政治訓練，」陳儀莊坦言科技外交的工作對團隊是很大挑戰，因為國家間合作比學者間合作難度大。當時擔任國科會科技辦公室副執秘的楊佳玲也說，現在要涉及科技外交事務，對同仁們來說是新的學習，但也是擴展視野與學習的過程。

楊佳玲分享，在國科會的對外工作中學習到如何表達國家的科技政策，以及如何衡量彼此互動與對等關係，「我們不是去求人，也有很多東西可以給予，在這過程中不

二〇二四年臺加簽署科技合作協議。

斷思考應採取何種態度和討論方式。」

所幸，吳政忠總是那一座有力的靠山。陳儀莊說，團隊會先跟主委說明計畫，他會幫我們判斷有哪些需要修正，只要遇到無法下決定的情況，團隊就會去請教，吳政忠在所有事情上都很有定見，而且常有獨到且具有建設性的觀點。

科技施政的桶箍

這幾年國科會在科技外交方面大有斬獲，陳儀莊認為智庫的分析與科技辦公室的領域專家是強有力的堅強後盾，楊佳玲則歸功於政委串聯各部會資源的能力。

從吳政忠的角度來說，國科會的任務就是擔任行政院各部會科技施政的「桶箍」，將各部會的力量與資源串在一起，用「桶箍」箍起來，這樣進軍國際才有力道。舉例來說，每次出訪前，都會針對 AI、半導體、生醫等特定議題進行跨部會協商，統整資源，並且提供明確資訊給對方，不需要等到跟國際單位開完會後，返國再找各部會溝通協調。

國科會與愛丁堡皇家學會自二〇〇一年起即簽訂科學及技術合作瞭解備忘錄。二〇二四年由陳儀莊副主委代表續簽。

楊佳玲對於吳政忠的談判技巧也留下深刻印象；她觀察到吳政忠會根據對象不同而調整對話內容，例如遇到對科技政策較不熟悉的官員，便會像老師一樣耐心說明；遇到重視自由人權價值的官員，則會強調臺灣是可信賴的民主夥伴，讓對方可放心與臺灣進行科技上的合作。

一方面要力抗中國的干擾，另一方面，由於較缺乏處理國際談判協商的經驗，國科會團隊在安排簽署合作協議或相關會議時，都覺得肩上承受前所未有的壓力，但吳政忠總是鼓勵大家勇敢嘗試。「後來我看到一個個框架被打破，覺得格外感動，」陳儀莊臉上露出苦盡甘來的微笑。

在國際上扮演更積極角色

國際情勢帶動有利風向，臺灣也因為科技實力與半導體供應鏈優勢受到極大的關注，站在這個浪頭上抓緊時機，順勢推動科技外交，國科會與相關部會足跡踏遍了美國、德國、法國、英國、中東歐、日本、澳大利亞、加拿大等地，與先進國家共享互補的科技優勢，也與理念相近的國際夥伴一起面對挑戰。

從臺灣看世界，或許覺得自己很渺小，但走出去之後，從世界看臺灣，會發現臺灣不容忽視。誠如吳政忠所言：當科技決定國家競爭力，我們要學會當大哥，臺灣在世界地圖上，勢將扮演更積極的領導角色，這是權利也是義務！

1 當時斯洛伐克入境後的規定是：入境後須隔離檢疫十四天，但已施打歐盟認證兩劑 COVID-19疫苗，且第二劑疫苗施打已超過十四天者，不須隔離。團員已在臺灣出境時通過篩檢，因此入境時的快篩出現陽性，有可能是因為出現誤差。

2 幾個主要國家的科學及技術合作協議如下：

(1) 二〇二〇年十二月十五日「臺美科學及技術合作協定（Science and Technology Agreement, STA）

(2) 二〇二三年三月二十一日，臺德科學及技術合作協議（Scientific and Technological Cooperation Arrangement, STA）

(3) 二〇二三年十一月二十九日，臺法科學與技術合作協議（Science and Technology Cooperation Convention, STC）

(4) 二〇二四年四月十五日，臺加科學技術及創新合作協議（Science, Technology, Innovation Arrangement, STIA）

(5) 二〇二四年五月十三日，臺澳科技合作協議（Science and Technology Arrangement, STA）

3 Horizon Europe是一項為期七年的歐盟科學研究計畫，是Horizon 二〇二〇和Framework Programmes for Research and Technological Development的後續計畫。由歐盟委員會(European Commission)批准，計劃在二〇二一～二〇二七年將歐盟科學支出水準提高五十%。

其中制定了五項使命：

(1) 適應氣候變遷：支持至少一百五十個歐洲地區和社區到二〇三〇年實現氣候適應能力。

(2) 癌症：與歐洲戰勝癌症計畫合作，到二〇三〇年透過預防、治療和解決方案改善超過三百萬人的生活，從而延長壽命、改善生活。

(3) 二〇三〇年以前恢復海洋和水域。

(4) 二〇三〇年前建成一百個氣候中和智慧城市。

(5) 歐洲土壤協議：二〇三〇年以前建立一百個生活實驗室和燈塔，引領轉變到健康的土壤。

後記1

新國科會的特色與任務

二〇二二年七月二十七日，「國家科學及技術委員會」揭牌，「新國科會」開啟新征程，吹響了創新科研發展的號角。

從一九五九年的「國家科學委員會」，到二〇一四年改制為「科技部」，二〇二二年的「國家科學及技術委員會」，跨部會協力、基礎卓越、創新創業、科學園區領航、女性培力、人社價值實踐、國際合作等七大發展方向，標誌著「新國科會」的內涵與職責。

新舊交替之間，繼承過往科技發展的

新國科會打造無處不在的科技力。

成就，也宣告了新的使命。

在前人累積的基礎上，國科會早已和前瞻、卓越、創新劃上等號，如今更進一步凝聚跨部會、跨領域、跨世代、跨國界的思維，加上女力、人文社會、科技民主的元素，創造出更多融合的可能性。在這個新起點，「新國科會」不僅要展現新氣象，更要創造新能量。

跨部會的協力串聯

從國科會到科技部再到「新國科會」，外界或許有很多疑問，但這背後重要的精神，科技政策需要眾部之力，跳脫單一部會的角色，國科會從國家科研事務最高權責機關的角度出發，更可促成跨部會之間的協力串聯，打造無處不在的科技力。

國科會最重要的職能就是協助行政院院長，全盤規劃、推動與管考各部會的科技研發計畫，扮演跨部會的協調角色。舉例來說，發展生醫事務主要由衛福部負責，但經濟部在產業方面也有其專業經驗，國科會的職責是讓各部會進行良性分工與通力合作，並確認正在執行的工作，緊扣國家最高層級的政策與方案。

總統蔡英文在當時改制時，交付新國科會三大任務，包括：加速投入前瞻領域研究、讓科技力為臺灣創造更多進步和改變、培育更多年輕人才，並強調培育女性、世代接棒的重要性。

曾任第十二任國科會主委的前副總統、前行政院院長陳建仁認為，國科會的角色，面對科技預算與科技發展，須從上游的基礎研究、科學發展；中游的科學

「國家科學及技術委員會」舉行揭牌及主任委員布達儀式，首任主委吳政忠期許新國科會以新高度、高效率推動跨部會協調工作。

轉譯、將科學化為技術；下游的技術商品化、產業化，三層面並重且銜接。

「科技部主掌科技政策，好處在於有明確的政務預算編列執行，但單一部會執行科技計畫難免不夠周全，仍需其他部會密切配合。」長期觀察國家科技政策的無任所大使陳正然認為，讓國科會回歸橫向協調平臺和機制，對國家未來科技政策的推動更有利，橫向組織具備開放的特質，保持耐心與冷靜持續溝通，讓部會扛起各自領域的責任，就能達

關注先進領域，透過跨部會攜手合作，串聯並進，並以布局國際格局的視野，迎接下一個二十年後勁無窮的臺灣科技力！

到「賦權」的效果，使得科技政策的整合與推展更為順利。

曾任國安會資安諮詢委員的臺灣科技大學資訊工程系特聘教授李漢銘，也相當認同國科會定位的調整。因為國科會的名字有「科學」兩字，過去多數人的印象停留在學術單位，實際運作也以處理學校研究計畫為主，占了高達八、九成的工作量，但他認為國科會不應只是學術單位，而是為國家科技長期布局。

過去國科會給外界的印象是提供科研預算給大學的單位，「新國科會」轉變為承擔起國家科技政策與未來科技產業發展的重責大任；「這原本應該是一個循序漸進的過程，而我們剛好抓住了機會，長官們都能快速理解並採取行動，國科會同仁也給予很大的支持與配合。」身為從科技部部長轉變到「新國科會」的首任主委，吳政忠對於這樣的轉變，感到欣喜與驕傲。

以溝通協調取代指揮命令

國科會的委員由與科技相關各部會的首長組成，例如衛福部掌管健保，也有健康科技相關事務；農業部有科技室主管農業科技；教育部有資科司主管電腦中心和科技議題；經濟部許多業務都與科技產業相關；交通部也涉及下一代通訊標準和智慧交通等科技議題，其他如國發會、國防部都與科技脫不了關係。

跨部會協調，這件事說起來容易、做起來可不簡單。曾任國科會副主委的陳儀莊透露，有時與其他部會在合作推動政務時遇到困難，同仁難免會有所抱怨，但吳政忠都會提醒大家要放下成見、主動溝通，邀請相關部會人員一起討論，假以時日定能形成共識。

當今許多新興科技的研發領域，都有一個共同特色——涉及跨領域合作，需要在各部會間挖掘應用價值。「各部會都有自己的主責事務，政府部門多半有很好的分工，但要取得合作共識，就需要更多溝通與協調，單憑由上而下的命令是不夠的，部會必須自己認同並執行下去，」陳正然也強調對於科技政策的主導機關，溝通合作非常重要。

目前擔任晶創臺灣推動辦公室代理執行長的臺灣大學重點科技研究學院院長闕志達強調，科技議題經常涉及多個部門，比如人才培育就和教育部、經濟部、國科會都有關，改制新國科會後，更能以超然的地位處理跨部會事務。

闕志達以推動「晶創臺灣方案」的經驗為例，認為其中最具挑戰的工作正是跨部會協調。「計畫執行團隊與部會之間，成功的關鍵在於以朋友的身分軟性協調。」他解釋，不是每個部會都很了解半導體，需要用專業的角度去說服或協調，讓所有部會的承辦人員理解國家政策的內容及施政目標，而且是提供部會額外的資源，跨部會合作才能產生符合重點政策計畫主軸的成果和亮點。

一年六十六場會議才達成共識

曾任行政院科技會報辦公室執行秘書的葉哲良，喜歡用「打怪」來形容政策議題，而每個議題都是魔王等級。除了將科技政策規劃好以外，溝通也很重要，不僅要跟不同部會與執行單位溝通，還要與執行單位的政策受眾溝通，包括學者、受補助的廠商或法人在內；雖然多層次的溝通很困難且也有壓力，但如果不這麼做，決策和執行之間就會存在斷點，效度就會不一致。

那麼，何謂真正的大魔王？葉哲良認為最難的就是跨部會議題，尤其橫跨愈多單位，難度就愈高，因為不同部會之間有許多地界，要將地界抹平就得花更多心力。在推動「民生公共物聯網」時，就涉及七、八個部會，要共同執行「水資源」、「空氣品質」、「地震速報」、「災害防治」這四大領域的物聯網，為了讓政府、私部門與民眾都能使用，必須建立一個共通的資料服務平臺[1]。

這個關卡的難度在於，每個單位都希望將資料留在自己單位，但這麼做就會影響民眾取得資訊的即時性與全面性，因此科會辦提出在國家高速網路與計算中心（簡稱國網中心）設置1＋N平臺的模式，但包括資料更新頻率、傳輸格式、資訊安全、是否納入歷史資料等細節，都需進一步討論，才能讓大家放心。

超乎想像的是，為了達成資料交換格式的一致性，各單位要商訂開放資料格式、感測器應用程式介面及相關的資安要求，總共開了六十六場會議，長達將近一年才讓各部會達成共識，格式採用全球通用的GCA、sensor things API，各部會再依此訂定各欄位規則，在資安部分，也訂定遵循規範。最特別的是，邀請臺灣HITCON來協助政府機關進行首次的白帽（道德）駭客活動（Bug Bounty Program[2]），「借力使力、早期發現弱點」。這也讓某部會透過這個活動，提早偵知其核心漏洞，修補、再確認後，迅速解決，「沒有完美系統、唯有持續精進」。在其中一場會議中，主席請各單位提出自行評估滲透的嚴重度與數量；有個單位提報不超過十個，經過會議主席提示美國五角大廈被發現數百個漏洞後，這個單位回去重新調整策略。

「如果沒有這層架構基礎功的建設，後續整合就無從談起，」葉哲良深切體會到團結力量大的道理，如果各部會還是獨立運作，民眾一定會感到服務碎片化，正因可以集結各單位的力量，整合在同一平臺上（民生公共物聯網-資料服務平臺 ci.taiwan.gov.tw），民眾對於這項政策才會有感。

現今，民眾能透過手機、電視、簡訊、App 在地震前數秒，提前獲知警訊，就是民生公共物聯網專案的貢獻；半導體廠也受益於地震速報，能提前應變、減少損失。

公私協力組成5G國家隊

行政院於二〇一九年五月正式核定「臺灣 5G 行動計畫」，「看那個部會分工表就知道很綿密，不僅是經濟部與科技部（國科會），還包括教育部、國發會，以及資安議題（後來併入數位發展部管理」）當時擔任科技會報辦公室主任執行秘書的科技政策諮詢專家室主任蔡志宏強調。

在美中科技戰的背景下，美國已意識到中國的華為企圖在5G標準組織主導，基於通訊標準涉及國安議題，「臺灣5G行動計畫」中也特別加入5G資安項目，強化5G關鍵基礎設施及營運資安防護能力，希望推動臺灣廠商進入國際5G可信賴供應鏈。

「不管是人才培養、技術創新乃至應用的落地，不是單靠政府，而是透過公私協力、產學研結盟一起來做！」蔡志宏欣慰地說，由於「臺灣5G行動計畫」的快速啟動，讓電信業者加速提供5G服務，在疫情期間扮演很重要的人際傳播與守望環境角色，相關廠商也在「前瞻基礎建設」和「5G專網應用計畫」的支持下陸續推出產品，到了二〇二三年，臺灣廠商幾乎已可百分之百完全自製整套5G專網設備。

不過，蔡志宏在評估產業資源與相關法規配套時，遇到一大難題，因為要整理出5G使用的頻譜，並不像想像中那麼容易。「頻譜就像是我們空中的國土，要從一片雜亂不清的狀態，清出一整塊區塊，再讓電信業者分區提供5G服務，本身就是一個大工程，」其中光是為了頻譜協調，就召開了二、三十場會議。

團隊在規劃5G頻譜[3]時，發現可用於5G的主要頻段只有一〇〇MHz頻寬，落在3.5 GHz頻段。那時國內電信業者共有三大兩小（後來併購成為三家），如果五家來均分一〇〇MHz頻寬，每一家只能拿到二十MHz，換算後5G能提供的速率竟然比現有4G還低，「照這個狀況，臺灣5G發照不就成了世界笑話？」

蔡志宏連忙展開搶救頻譜大作戰。團隊從低頻段到高頻段重新整理頻譜，分別往低頻與高頻的方向擴展，結果發現往高頻擴展那一段，剛好有部分頻段被中華電信的中新二號衛星使用，吳政忠做出決定，由政府提供補償費用，協調中華電信將這個頻段騰讓出來。

經過團隊研究法規的可行性、預算的可能來源，後來就依電信法規範，共補償新臺幣十．二億元給因頻譜整備而受直接損失的中華電信，收回七十MHz

頻寬給 5G 釋照使用。

另外還有一個頭痛的問題，在 3.5 GHz 頻段中比較低頻的鄰近頻段，由國防部基於特定任務所使用。科會辦與國防部就此展開一段漫長的協商。蔡志宏不斷在會議中爭取，表示規劃中的 5G 頻譜是為了與國際接軌，無論是提升國家數位競爭力、深化產業創新、強化通訊產業實力等都相當重要；歷經將近一年的溝通，國防部終於願意將此頻段空出一〇〇 MHz 頻寬給 5G 使用，使得 5G 的主要頻段（3.5GHz）的頻寬從原本的一〇〇 MHz 增為二七〇 MHz。

「一開始我沒有把握這個任務能夠達成，但如果只能用現有頻譜一定會變國際笑話，所幸後來跨部會還是達成協議了，」蔡志宏有感而發地說。現在臺灣 5G 手機使用的商用頻譜，除了主流的 3.5 GHz 頻段外，還有 28 GHz 頻段，最終總標金收入超過新臺幣一千四百億元。

「從這個拍賣結果來看，前面的多次開會協調，以及補償中華電信的費用，這些努力都還算值得。」

跨部會的頻譜協調作業，讓蔡志宏與團隊覺得氣力放盡，但真正的辛苦還在後頭。5G 是一場國際競賽，不管頻譜拍賣與開臺時間，先進國家都頗有互別苗頭的較勁意味，臺灣自然不願落居下風。

這樣的壓力最後落在科會辦身上。當時國際間對於 5G 的應用有個重要關鍵時間，二〇二〇年七月登場的東京奧運（因疫情延後一年），各家電信設備廠商都計畫在東京奧運展示 5G 應用服務，科會辦在 5G 頻譜的整備告一段落之際，原本有相對充裕時間可以準備釋照工作，但為了趕上先進國家 5G 商用化的時間點，只能提前到二〇二〇年一月農曆年前完成頻譜拍賣，這樣一來電信業者才有機會在東京奧運前開臺。

現在回顧，這是一個相當幸運的決定，因為 5G 頻譜才剛拍賣結束，疫情就席捲而至，正好避開了疫情這個不確定因素。蔡志宏坦言，如果疫情爆發後才進行 5G 釋照作業，電信業者很可能緊縮投資，對競標與建設躊躇不前，甚至可能被迫將作業時間延後；在疫情之前就完成頻譜拍賣，不僅讓業者提早啟動建設，拍賣所得對國庫收入的貢獻還比原先預期多了一千億元。冥冥之中，老天似乎特別眷顧著臺灣。

科研，不僅僅是科研

除了政策要讓民眾有感以外，吳政忠經常掛在嘴邊的一句話是：相關政策不要只是紙上談兵，要能兼顧產業化效益。

最近幾年來，來自產業界的意見領袖經常在公開場合發聲，他們看見國科會從純粹科學研究轉變為重視產業化效應，這種想法與做法的具體落實，讓業界看到了很不一樣的國科會。

陳儀莊到美國考察時，有機會與臺灣留學生對話，他們都期待學成歸國，但也希望臺灣有更好的工作機會。她從國際人才競爭的角度表示，新國科會有上下游的銜接，不僅有基礎科研，串聯到綜合規劃處、產學及園區業務處，還可透過經濟部及其他部會，「我們的責任就是增加產業機會、改善就業環境，才能留住人才。」

現任臺灣淨零科技方案推動小組主任的臺大地理環境資源學系教授周素卿認為，國科會專注在前瞻性的科研工作，經濟部則更重視產業的即刻需求及經濟表現，儘管彼此的執掌有些交集，但只要各自設定正確的目標，就能攜手創造更大的產業效益。

現為中研院化學研究所特聘研究員陳玉如的實驗室在二〇〇六年開始跟中研院分子生物研究所教授李鴻合作，但二〇〇九年李教授卻因肺癌離世，這件事讓陳玉如感觸頗深，因此決定將重心從動物轉向人類癌症分析。

陳玉如選擇了非常困難的膜蛋白質體分析，沒想到冷門的研究領域在國際上受到矚目。二〇一四年她受邀到日本參加國際會議，認識了當時美國國家癌症研究所（National Cancer Institute，NCI）癌症臨床蛋白質體學辦公室主任羅德里格斯（Dr. Henry Rodriguez），他們正在推動一項「臨床蛋白體腫瘤分析聯盟」（CPTAC）的大型計畫，分析癌症病人組織中的蛋白質，與陳玉如的研究領域不謀而合，羅德里格斯力邀陳玉如參與研究計畫，促成了中研院首次與美國重點研究單位簽署合作協議，也順利加入「癌症登月計畫」（Cancer Moonshot）。

在前任中研院副院長，當時的副總統陳建仁的建議下，陳玉如前往行政院拜會科技政委吳政忠，說明肺癌是最昂貴、發生率最高且持續增長的癌症，仍有許多問題亟待解決，值得臺灣擴大投入研究。

二〇一七年初，在科會辦的統籌下，陳玉如帶領的「癌症登月計畫」被納入「生醫產業創新推動方案」，目前已在執行第二期計畫（二〇二二至二〇二五年）。

對於登月計畫的成果受到國際肯定，陳玉如歸功於選題正確及團隊合作。她強調，臺灣的經費並不特別多，無法像國外那樣給醫院大量的檢體蒐集經費，但不管是來自中研院的團隊，或是臺灣大學、臺北醫學大學、臺中榮總的專家，大家都有共同目標，因此能夠放下門戶之見，獲得傑出的跨領域成果，更因此成為美國跨國癌症研究的重要夥伴。

過程中還有一個重要的力量，就是國家政策計畫的支持。陳玉如透露，她一直將吳政忠的建議放在心上——團隊致力於將研究問題與民眾福祉緊密結合，最終研究成果也提供臨床醫學及公衛政策很多基礎資料。事實證明，臺灣本土的科研團隊，有堅強的實力，可在國際舞臺上展現影響力。

也證明，科研，不僅僅是冷冰冰的科學研究，還負有兼顧產業效益及社會利益的使命。

提出二〇三〇臺灣願景

二〇一六年，時任日本首相安倍晉三提出二〇三〇年「社會五・〇」的概念，希望在以人為本的思維下，建立串聯AI、機器人、物聯網等科技的「超智能社會」，重返經濟強權。當時臺灣還沒有類似的長程規劃，面對全球AI和淨零碳排等全新挑戰，吳政忠主張必須建立中長期且有系統性的國家願景，從更高的國家高度來思考，平衡未來社經挑戰與科技發展。

當時擔任科技政委的他，召集了當時擔任政委的唐鳳與林萬億、臺灣大學社會學系特聘教授陳東升、科會辦執行秘書蔡志宏等多位學者專家，以及資策會、工研院經濟與趨勢研究中心（IEK）（現為產科國際所）、國研院科政中心等智庫的主管，定期到他的辦公室開會。

經過半年的交流，智庫提供的結果跟他的預期不太一樣，「臺灣在做未來規劃時，經常只是跟隨全球趨勢，沒有站在自己國家的高度，思考臺灣的未來進程，」吳政忠有感而發地說。

於是他提出以STEEP[4]模型，包括社會、科技、經濟、環境與政治五個面向進行評估。起初「政治」這個詞很敏感，尤其在二〇一六到二〇一七年，中國因素還沒那麼明顯，為了擔心大家投鼠忌器，他明確建議先專注前四個方面，政治暫時不談，否則難以推進。

這群學者專家每兩週討論一次，由智庫整理報告，進行討論，經過兩、三年的時間，逐步形成共識，最後歸納出「創新、包容、永續」為臺灣智慧國家的主軸，並以STEEP模型列出二〇三〇年的全球趨勢與臺灣挑戰，希望實現數位科技驅動的創新社會，跨文化、族群、世代的多元包容社會，以及循環再生、零廢棄、零污染的永續社會。二〇二〇年底舉行的第十一次全國科學技術會議也正式提出「二〇三〇臺灣願景」。

後來在《科學技術白皮書（二〇二三年至二〇二六年）》中，基於COVID-19疫情與外部環境因素，又加入了韌性、民主等核心精神，提出「前瞻創新、民主包容、韌性永續」。放眼二〇三五年，更展現出社會多元包容於科技創新的永續價值。

國科會智庫「科技、民主與社會研究中心」召集人陳東升強調，國科會組織改造後，與以前最大不同是政委兼主委，而不是單純的主委，不再從單一領域或部會來思考問題，而是從國家高度思考科技願景，具備更寬廣的視野，堅持一貫且清晰的理念，才能系統性地設定目標並推動執行。

布局下一階段的科技國力

吳政忠認為維持半導體優勢是臺灣在國際競爭的一大重點，但是，「臺灣不能只有半導體產業，但沒有半導體產業也不行。關鍵就在於如何善用半導體產業，布局臺灣未來的百工百業發展。」於是極力協調各個部門啟動長達十年的「晶創臺灣方案」，並承擔相關預算與業務。陳正然認為有此魄力實屬不易，「就像打球時打得好就要繼續下去，不要喊暫停。」

吳政忠的堅持其來有自，因為他清楚看到過去二十年間，臺灣科技產業得到了不少成就，但也錯過了一些機會。

二〇〇〇年六月，世界資訊科技大會（WCIT）緊接著臺北國際電腦展（COMPUTEX）舉辦，全球共有三十位世界級資訊科技領袖齊聚臺北，共同探討「IT for A Better World」，包括時任微軟董事長比爾蓋茲（Bill Gates）、時任惠普全球總裁暨執行長卡莉．費奧莉娜（Carly Fiorina）都親自出席；臺灣的資訊科技產業獲得非常短暫的聚光燈，但此後的二十年，臺灣在行動軟體與雲端服務的國際市場並未如預期的占有關鍵地位。

「全世界所有資訊大廠的大咖都來了，但來了一下以後就沒有了，」吳政忠感嘆地說，在軟硬整合的趨勢下，臺灣並未在那一波的軟體成長中掌握機會，還是局限於硬體代工，臺灣沒有賺到軟體的錢，也把高附加價值的產業拱手讓出。

直到二十年後，終於看到風水輪流轉的機會！因為地緣政治，臺灣一躍而成國際上的焦點，「如果我們沒有自己的戰略，藉這個勢，二十年後再回頭看，當年的遺憾有可能重演。」因此吳政忠頂住壓力，與團隊提出了一系列的科技計畫與方案，布局未來十到二十年的科技國力。

努力把科研結果連接到新創、技術發展，再串聯到國發基金和推動上市櫃，形成一個完整的產業鏈，「如果這個連接做得好，就可以提高臺灣的競爭力。」這是吳政忠對新國科會的盼望，也是全民的期待。

---

1 民生公共物聯網，以大數據、物聯網與AI技術為基礎，針對地震、水資源、空氣品質以及防救災四大領域，推動更深入的數位治理。

二〇一六年之前，中南部朋友深受空氣品質及其來源所困擾，民生公共物聯網項下的空氣盒子（感測器）方案，用科學方式來釐清汙染來源，環境部依模式數據分析，提供的空氣品質預報。以公領域為例，結合全球的氣象模式，可以確認在東北季風來臨時，中國空氣汙染會順著氣流南下，吹入中南部平原地形（大安溪以南），撞上中央山脈後，空汙微粒子停滯，滯留中南部。以私領域為例，中部某工廠，二〇一九年被空氣盒子收集到的資料，進行模式分析後發現，會在凌晨有定時偷排，PM二・五及有機氣體VOC不正常飆升，被裁罰補繳空汙費一・二億多元，二〇二二年上訴駁回確認。

2 白帽（道德）駭客活動（Bug Bounty Program），由組織和軟體開發人員達成共識，可以透過合理和符合倫理的過程，來發現網站上的漏洞。在國外行之數年，美國國防部(Hack the Pentagon)、新加坡政府等都運用這活動，邀請好手來協助政府早期發現漏洞與後門。

3 無線電頻譜資源，是指不用人工波導而在空間傳播的3000GHz以下，一種可以被利用來為社會創造財富的無線電磁波，就其本質而言，它是一種在一定條件下可以重覆利用的，不可消耗的人類共用的寶貴自然資源，同時也是一個國家重要的戰略性資源。無線電頻譜資源不是取之不盡、用之不竭的公共資源，其有限性日益突顯，但需求卻急劇膨脹。就像車輛必須行駛在道路上一樣，所有無線電業務的開展都離不開無線電頻譜資源。

5G採用較大的頻譜範圍，從低於1GHz的低頻頻率到中頻頻率（1-6 GHz）和高於24GHz以上的高頻頻率（MMWAVE）。3.5GHz頻段是全球5G商用的主流頻段。

4 STEEP指的是社會（Social）、科技（Technological）、環境（Environmental）、經濟（Economic）與政治（Political）這五個構面，是在擬定策略時，用以分析外部環境情勢的管理工具，可用來分析國家政策與產業形勢的背景因素。

後記2

跨世代團隊共譜的樂章

如果說跨領域是新國科會推動科技政策的主軸，那麼跨世代就是培養人才的基調。

二〇〇〇年代初期，吳政忠曾與臺灣大學應力所的同事聊到，如果有機會參與政務，該如何把事情做得更好，當時大家對此似乎並無明確的答案。後來他接任要職後，經常拉拔並鼓勵年輕人，「我們這一代在二十多年前，也不知道自己後來會承擔一些重要任務，年輕人有機會要先做好準備。」

「江山代有才人出的道理大家都懂，但經常以為自己還很年輕，就忘了培養後面的人。」吳政忠表示，法國總統馬克宏不到四十歲就當選總統，法國總理艾塔爾不到三十五歲就當上總理，如果能讓新人及早進來歷練，形成多元綜合體系，對組織活化才是好事。

引進美國白宮的人才庫制度

從學者身分到政委，吳政忠有格外深刻的體會。國科會的工程領域，就劃分成近二十個學門，每個學門之下都有數百位教授，有些教授在一個學門待到退休，一輩子只專精一個領域；但如果是要擔任國科會的主管—如司、處長、副主委、主委，就必須要有鳥瞰全局的能力，跨領域的視野絕對少不了。

「科技政策諮詢專家室[1]」的成立，是來自陳正然的建議。在研究美國總統辦公室的組織時，發現美國設有「總統創新顧問」（The Presidential Innovation Fellows, PIF）來協助各級政府單位導入創新科技以優化公共服務，其徵選可透過自薦或由民間推薦專家人才，獲核准後就列為顧問團成員[2]。

吳政忠覺得這樣的機制很有幫助，於是借鑒採納。從二〇一七年開始，由科技辦公室委託國研院設置「科技計畫首席評議專家室」，先後邀請吳誠文教授、中研院何建明博士擔任主任。全程深入參與重大科技計畫之審議、管理及溝通協調工作，協助部會落實科技施政目標；之後轉型為「科技政策諮詢委員機制」，陸續邀聘了四、五十位專家，涵蓋領域包括生衛醫農、工程戰略、資通訊、社政與文化在內。專家室的顧問群，都是各領域的專家，在政策或方案的前期規劃階段提供意見，並從專業角度審視計畫的合理性，以及執行內容與政策目標的適配，同時也建立一個讓各方能夠協調溝通的平臺。

過去臺灣在個別計畫的審查與管理已經很上軌道，但有時在實際執行過程中，可能因為溝通理解的差異或專業背景的不同，訊息傳遞時發生失真，而與最初的政策目標有所偏離。如果能在前期階段就引入專家的智慧，透過溝通協調確保政策方向無誤，對於整體決策的健全執行將有很大的助益。事實上，過去國家幾項重大政策如「五加二產業創新計畫」與「六大核心戰略產業」，這套機制在政策制定階段都發揮了重要作用。

現任科技政策諮詢專家室主任蔡志宏進一步解釋，諮詢專家室的主要任務，是針對國家正在推動的關鍵科技計畫，包括重要政策或大筆經費的計畫，由專家團隊監督這些計畫的運作是否到位、研發進展是否與國際趨勢和產業發展一致、進度是否過慢、不同計畫之間是否可交叉合作或需重新調整等狀況。

因使命感承擔責任

國科會比較特別的是，許多重要主管與幕僚，都是從學研機構借調而來，願意承擔這些任務，多少與憂國憂民的心態及使命感有關。

「現階段臺灣確實站在一個高點上，但如果不繼續努力，很快就會被別人超越，」闕志達強調，如果我們能找到一群有能力且願意服務的人，大家一起分擔工作，合起來就可以做很多事情。

楊佳玲坦言，從學校進入公務體系後，對國科會的看法有很大改變。她發現政府運作更為複雜，很多決策需要更周全考慮，要平衡各方利益，審慎評估才能推出政策。

吳政忠曾告訴楊佳玲，「在學校當教授時覺得科技政策是別人的事，到了政府任職後，才知道如果我們不去思考，沒有其他人會去思考，我們有責任幫國家做這件事」。

楊佳玲說，剛開始進入專家室時，從側面觀察吳政忠，一天能參加十一場不同主題的會議，隨時隨地都在思考問題，他在會議中腦筋一直在動，經常問很多問題，像在進行博士生考試，最後總能清楚明快地做出結論。這種持續思考和活躍的心智，對團隊起了示範作用，大家也一直保持充沛活力。

團隊的凝聚力與協同合作

陳儀莊擔任國科會副主委僅有一年半的時間，深刻體會到這個團隊的凝聚力。以前她覺得生命科學處就是生命科學處、前瞻處就是前瞻處，現在鼓勵跨領域結合，許多計畫都需要各處協力，邀不同領域的專家一起參與，不是用競爭的方式，而是相互合作，這也讓新國科會的組織文化變得很不一樣。

科技辦公室也是如此，過去分成數位國家組、生醫組、淨零組等，但現在生醫與淨零也都需要資通訊與 IC 設計，從各做各的變成協同合作，在這樣的組織氣氛下，大家都說審查計畫的視野變得更寬廣了。

在卸任前的受勳典禮上，吳政忠提到有人說他是用「溫柔的責備」，現場許多主管紛紛反映認為，只有溫柔沒有責備。陳儀莊表示，大部分的同仁都沒看過吳政忠生氣，他不會當場擺臉色，只會鼓勵跳出框架，再想想有沒有更好的方案。

陳儀莊從吳政忠身上學到，在這個團隊裡面，輸贏不是個人的，而是關係到整個國家，因此不能用自己的輸贏當作賭注，任何決策都要有更全面的考量。

有時同仁遇到挫折，一些抱怨傳到吳政忠耳中，他也不會責罵同仁，而是用一句話鼓勵大家：「知識分子沒有悲觀的權利，如果我們都悲觀了，那別人怎麼辦？」

循著前人的足跡前進，容易安步當車，但要到人煙罕至的地方，必須披荊斬棘，開路難免會舉步維艱，需要堅毅與勇氣。

過去幾年來，新國科會團隊走過不少這樣的路；擬定未來的科技願景、擬定許多跨部會推動的整合性計畫，以及從未涉足的科技外交領域。

相較於過往的國際合作都是學術機構或學者之間的交流合作，較少涉及部會甚至國家層級的談判，國科會科教發展及國際合作處（簡稱科國處）接到科技外交的任務，自然是忐忑不安。

不過，吳政忠相信自己對國際局勢的判斷。從二〇一六年到二〇一九年，他逐漸感受到美方對臺灣態度的轉變，美中對抗、疫情期間的晶片缺貨議題，都讓臺灣的角色變得愈來愈重要，二〇二一年實際拜會中東歐國家之後，更讓他確信——世界已經看到臺灣。

二〇二二年吳政忠見時機成熟，決定到法國與德國考察，請科國處安排會見兩國重要部長，而且堅持要在官方辦公室見面，一開始幕僚直說不可能，後來突破萬難完成任務，十天內見到德國與法國共四位部長，團隊都覺得與有榮焉。

後來國科會陸續與多國簽訂部會層級的科學與技術合作協議或協定，當同仁眼見美國、德國、法國、澳大利亞、加拿大等先進國家，一個接一個加入合作，團隊士氣大漲，畢竟這是史無前例的部長級別協議，過程中的酸甜苦辣滋味，至今仍是團隊津津樂道的話題。

美好的仗我們一起打過

「這八年是個美好的經歷，原來政府團隊可以做比預期多很多的事；組建好的團隊，有好的領導者，每個人扮演不同角色，合力就很大，能夠不斷提出創新政策模式，與產業界的脈動有更多貼合，」葉哲良做了這樣的註解。

那美好的仗，我們已經一起打過。回首過去八年走過的路，吳政忠將成果歸功於整個團隊，「我唯一的特點是心態比較開放，我不會把自己當成很厲害的人，其實領導人要恰到好處，太厲害或不厲害都不行，重要的是懂得用厲害的人。」

他比喻說，領導人如果太聰明，像推土機一樣推過去，後面什麼都沒留下，應該要像犁田一樣，適度露出縫隙，讓後面的人有機會參與；所幸這幾年培養了不同世代、不同領域的優秀人才，隨時可以接手，讓團隊持續前進，等著共譜下一個美麗的樂章。

1 科技政策諮詢專家室，自二〇一七年開始，行政院科技會報辦公室以專案方式委託國家實驗研究院設置科技計畫首席評議專家室，透過全程深入參與重大科技計畫之審議、管理及評估，協助部會達成原定目標。自二〇一九年九月一日轉型後為「科技政策諮詢委員機制」迄今，每年由科技辦公室遴選各領域產官學研之專家群協助推動計畫管考及政策議題研析相關事務。

2 The Presidential Innovation Fellows program，成立於二〇一二年，是一項競爭性的獎學金計畫，將企業、非營利組織和學術界的頂尖創新人員與政府的頂尖創新人員配對，共同開發解決方案，旨在於短期（數月）內取得重大成果。重點是利用私人產業的創新技術（例如精實創業、設計思維和敏捷開發）來產生可衡量的結果。二〇一五年，歐巴馬總統發布行政命令，使計畫成為美國聯邦政府的永久組織。計畫和研究員（Fellos）通常簡稱為「PIF」。相關內容可參照https://presidentialinnovationfellows.gov/

從 A 點到 B 點，最快的路徑，往往不是直線。
這本書的故事，前後時空橫跨八年多，
不同領域的耕耘，多維整合所發揮的邊際效應，已漸漸在各個角落發酵，
為這座島嶼繼續蓄積足以迎接未來挑戰的科技能量！
接下來，交棒予……
勇敢擁抱科技創新，成為堅不可摧的「變形金剛」的科技政策同行人，
接續成就臺灣的未來……

致謝

由於內容選材以及時間有限，雖然盡可能約訪相關人士，很可惜地仍有疏漏不周、未盡表述的地方，在此向未及採訪的人以及無法呈現的部分致歉。同時感謝從行政院到國科會、經濟部、教育部、數發部、交通部、農業部、環境部、國防部、衛福部、財政部、金管會、人事總處、主計總處等相關部會，以及中研院等單位，沒有眾事務官和各領域專家學者的合力協作，就沒有如此值得記錄的故事。

特別感謝受訪者吳政忠教授、林品安博士、蕭景燈博士、蔡志宏教授、劉祖惠博士、李育杰教授、李漢銘教授、葉哲良教授、陳正然大使、盧超群董事長、林博文副院長、陳儀莊教授、陳東升教授、張鴻仁董事長、吳宗信主任、周素卿教授、楊佳玲執行秘書、闕志達教授、陳玉如教授、冉曉雯教授、周慧泉總裁、楊蓓薇製作人（以上依受訪先後順序排列），熱情且無私地分享珍貴的故事。感謝葉至誠參事、賴貞蓉女士協助內容校訂。感謝幕後的工作人員—余懿瑩副研究員、今周刊編輯團隊，以及一路走來，為臺灣科技政策發展貢獻的所有工作人員。

大事紀

二〇一六

事件敘述

五月

- **20 日**，蔡英文總統與陳建仁副總統就職，新任內閣也同步上任，吳政忠接任科技政委。

九月

- **1 日**，行政院推動「5+2 產業創新計畫」，積極開展「亞洲·矽谷」、「智慧機械」、「綠能科技」、「生醫產業」、「國防產業」、「新農業」及「循環經濟」等 7 項產業創新方案。

十一月

- **1 日**，行政院提出「數位國家·創新經濟發展方案（2017 年至 2025 年）」（簡稱 DIGI⁺方案），以「數位國家、智慧島嶼」為總政策綱領，並以「發展活躍網路社會、推進高值創新經濟、開拓富裕數位國土」為發展願景，秉持卓越國家、創新經濟與智慧治理核心理念，打造堅實數位基磐，發展建立民眾有感之數位政府。（2021 年 5 月更名「智慧國家方案」）

十二月

- **5 日～7 日**，行政院召開第十次全國科學技術會議，以「智慧·低碳·健康·永續」為主題，從基礎環境建置、智慧生活營造及促進經濟發展的基礎出發，融入政府產業創新計畫，形成「創新再造經濟動能」、「堅實智慧生活科技與產業」、「育才競才與多元進路」及「強化科研創新生態體系」四項關鍵議題。

二〇一七

一月

- 行政院科技會報辦公室在「前瞻基礎建設計畫」中推動「建構民生公共物聯網計畫（2017 年至 2020 年）」，展開水、空、地、災四大領域的感測站基礎設施初步布建，並透過民生公共物聯網資料服務平臺，以資料開放共享之精神，促進資料應用經濟發展。
- **7 日**，臺大醫院新竹生醫園區分院舉行動土典禮（2019 年 12 月開幕），藉由與新竹生醫園區中的生醫產業合作，研發創新醫材及生技新藥，並結合新竹科學園區電子、資訊、製造、光電等高科技產業的優勢。
- **25 日**，成立「生醫產業創新推動方案執行中心」，假新竹生醫園區生醫科技與產品研發大樓舉辦揭牌典禮。

五月

- **1 日**，行政院科技會報辦公室以專案方式委託國研院設置科技計畫首席評議專家室，透過全程深入參與重大科技計畫之審議、管理及評估，協助部會達成原定目標。
- **26 日**，立法院三讀通過《科學技術基本法》修正案，放寬公立學術及研究機構可彈性運用研發成果收入，不受《國有財產法》第 56 條等相關限制，並鬆綁學研成果產業化及鼓勵新創事業發展。

七月

- **10 日～ 12 日**，行政院舉辦「智慧系統與晶片產業發展策略（SRB）會議」，針對人工智慧（AI）技術將帶動產業典範移轉，特以「智慧科技應用與發展」、「智慧系統與晶片技術」及「智慧產業發展環境」為核心議題，邀請產政學研各界溝通討論，以共同訂定我國未來 AI 推動策略。

八月

- **25日**，福爾摩沙衛星五號在美國范登堡空軍基地，由SpaceX公司的獵鷹9號（Falcon-9）火箭搭載，發射升空。

九月

- **8日**，行政院召開「2017年生技產業策略諮議委員會議」（BTC），首度引進AI主題，會中力促生技與資通訊兩大產業展開跨領域合作。
- **19日**，美國副總統拜登（Joe Biden）在「2016社會公益高峰會」發表演說時指出，美國的癌症登月計畫將與臺灣、加拿大、中國、德國、瑞士、日本與南韓等國建立合作關係，運用蛋白基因體進行癌症研究及治療。
中央研究院與美國癌症研究所（NCI）於2016年簽署備忘錄，加入美國「癌症登月計畫（National Cancer Moonshot）」，與多國攜手合作，運用嶄新的蛋白基因體學（Proteogenomics）策略進行大規模癌症病人分析，探討疾病發生機制、檢測及治療的線索。該計畫並納入「生醫產業創新推動方案」，投入臺灣肺癌與乳癌的本土化研究。

二〇一八

一月

- **18日**，「臺灣AI行動計畫（2018年～2021年）」正式啟動，從「AI人才衝刺」、「AI領航推動」、「建構國際AI創新樞紐」、「場域與法規開放」、「產業AI化」等5大主軸推動，期望將臺灣塑造為全球智慧科技創新之重要樞紐。

十月

- **15 日**，「國家生技研究園區」開幕，這是國內第一個跨產官學研共同進駐之新一代國家級生醫研究生態圈，進駐單位包括中央研究院「生醫轉譯研究中心」、衛生福利部「食品藥物管理署」、科技部「國研院國家實驗動物中心」、經濟部「生物技術開發中心」在內，希望達成園區研發、技術服務及商品化一條龍之目標。

- **29 日～ 31 日**，行政院召開「5G 應用與產業創新策略（SRB）會議」，後續以「鼓勵 5G 垂直應用場域實證」、「建構 5G 新創應用發展環境」、「提供 5G 技術支援及整合試煉平臺」、「規劃釋出符合整體利益之 5G 頻譜」、「調整法規以創造 5G 發展有利環境」等 5 大政策面向研議具體方案，擬定未來 5G 發展行動計畫。

十一月

- **30 日**，立法院三讀通過《無人載具科技創新實驗條例》，這是全球第一套涵蓋陸、海、空的無人載具法案，參酌金融科技發展與創新實驗條例的監理沙盒精神，透過法規鬆綁鼓勵產學研投入無人載具的研發與應用。

二〇一九

一月

- **15 日**，行政院正式核定「第三期國家太空科技發展長程計畫」（2019 年～ 2028 年），預計在十年內和民間攜手共同打造強韌的太空產業國家隊。

二月

- **21 日**，在太空中心推動下，「臺灣太空產業發展協會」正式成立，致力於臺灣太空產業發展及促進國內及國際間的產業交流合作。

五月

- **6 日～ 9 日**，國際太空衛星展（SATELLITE 2019）在美國華盛頓特區舉辦，行政院科技會報辦公室執行秘書蔡志宏率團參加，並於回程時拜訪 Space X。

- **10 日**，行政院核定「臺灣 5G 行動計畫」（2019 年～ 2022 年），以鬆綁、創新、實證、鏈結等策略，打造臺灣為適合 5G 創新運用發展的環境。

六月

- **25 日**，福爾摩沙衛星 7 號於美國甘迺迪太空中心發射升空。

七月

- **2 日**，在行政院科技會報辦公室與經濟部指導下，產、學、研攜手啟動「臺灣人工智慧晶片聯盟」（AI on Chip Taiwan Alliance，AITA），匯集鈺創、聯發科、廣達、台達電等國內外逾 80 家指標性半導體與資通訊廠商，以及工研院等國家級研發機構，由盧超群博士擔任會長，後續並成立「AI 系統應用」、「異質 AI 晶片整合」、「新興運算架構 AI 晶片」、「AI 系統軟體」4 大關鍵技術委員會。

- **9 日**，「智慧生活顯示科技與應用產業策略（SRB）會議」，研議善用我國顯示科技與應用產業既有的堅實基礎，結合 5G 與 AIoT（人工智慧物聯網）等智慧科技，創造 2030 智慧生活新面貌，勾勒未來產業策略發展藍圖。

九月

- **1 日**，「科技政策諮詢委員機制」正式啟動，每年由科技辦公室遴選各領域產官學研之專家群協助推動計畫管考及政策議題研析相關事務。

十月

- **30 日**，「 國家級人體生物資料庫整合平臺」正式成立，由國家衛生研究院負責執行，串聯各機構之健保申報資料、電子病歷、癌症登錄、罕見疾病等資料庫。

十一月

- **13 日**，國家生技醫療產業策進會（簡稱生策會）理監事完成改選，首度出現廣達董事長林百里、和碩董事長童子賢、緯創董事長林憲銘等 11 位 ICT 科技業代表成為新理事，啟動生技醫療與資通訊產業的對話與合作。

十二月

- **16 日**，臺大醫院新竹生醫園區分院正式開幕，除了提供一般醫療服務外，並將與新竹生醫園區中的生醫產業及新竹科學園區中的高科技產業合作，打造成國家級醫學暨轉譯研究中心。

二〇二〇

一月

- **16 日**，臺灣完成第一階段 5G 頻譜競標作業。

二月

- **21 日**，臺灣 5G 首波釋照完成第二階段位置競標，兩階段競標價金，約為預算預期金額的 3.2 倍，挹注國庫歲入，溢價標金用於促進 5G 網路基礎建設、縮短城鄉差距及推廣公益服務。

五月

- **20 日**， 蔡英文總統與賴清德副總統正式就職，新任內閣也同步上任，吳政忠任科技部長。

七月

- 中研院化學研究所陳玉如所長、臺大醫學院內科教授楊泮池（中研院院士）與跨單位研究團隊以蛋白基因體技術建立臺灣早期肺癌病人的多體學大數據，找到不吸菸肺癌患者可能的致病機制。此為美國臨床蛋白基因體學腫瘤分析聯盟（CPTAC）首次和國際聯盟團隊（臺灣）攜手合作，為「癌症登月計畫（Cancer Moonshot）」合作項目之一。臺美二個獨立成果同步發表在國際頂尖期刊《細胞》(Cell) 上，並共同榮登本期雜誌封面。

- **9 日**，「臺灣顯示科技與應用行動計畫」（2020 年～ 2024 年），聚焦智慧零售、交通、醫療和育樂等四大應用領域，以實現「Beyond Display—透過新興顯示科技與應用建構 2030 智慧生活」為願景，讓臺灣的先進科技產業，繼續居於國際領先地位。

九月

- **8 日**，國發會發佈「前瞻基礎建設 2.0 推動計畫」，大幅提升數位建設的預算，從 5%至 16%，為國家未來 5 至 10 年的發展做好準備，打造下一世代所需的基礎建設。

十二月

- **15 日**，我國與美國在臺協會（AIT）執行理事藍鶯（Ingrid Larson）以視訊會議方式共同簽署「臺美科學及技術合作協定」（STA）。

- **21 日～ 23 日**，行政院召開「第 11 次全國科學技術會議」，以「2030 臺灣創新包容永續」作為願景，邀請各領域的先進專家針對「人才與價值創造」、「科研與前瞻」、「經濟與創新」、「安心社會與智慧生活」等四大議題進行討論，促進科技及人文社會的對話。

二〇二一

二月

- **3 日**，福爾摩沙衛星七號成功將 6 枚衛星全部部署在高度 540 至 550 公里之任務軌道，可提供 24 小時均勻分布的大氣層與電離層觀測資料，供氣象預報和太空天氣監測使用。

三月

- **5 日**，第一屆「GiCS 尋找資安女婕思」活動起跑，將資安向下扎根，鼓勵女性投入資安科技領域，活動分為「高中職組」及「大專校院組」，共有上千名學子報名參加。

五月

- **5 日**，科技部（國科會）推出女性計畫主持人生育期間多項支持措施。

- **21 日**，行政院核定「六大核心戰略產業推動方案」，在「5+2 產業創新計畫」的既有基礎上，推動「資訊及數位」、「資安卓越」、「臺灣精準健康」、「綠電及再生能源」、「國防及戰略」、「民生及戰備」等六大核心戰略產業，期使臺灣在後疫情時代，掌握全球供應鏈重組先機，成為未來全球經濟的關鍵力量。

- **31 日**，立法院院會三讀通過《太空發展法》，成為我國第一部國家太空法案。

七月

- **1 日**，「臺灣雲市集」平臺上線。
「智慧國家方案」（2021 年～ 2025 年）落實的計畫—「雲世代產業數位轉型計畫」，由行政院科技會報辦公室統籌產官學研商，協調經濟部、農委會、科技部、衛福部、客委會、原民會等跨部會，共同推動。目標在於數位化智慧化便利的效益，同時也普及到臺灣各領域中小微企業。其中的「臺灣雲市集」打造一站式媒合平臺，串聯優質 SaaS 供應商與產業，加速各行各業中小微企業數位轉型。

十月

- **20 日～ 30 日**，由國發會、經濟部、科技部、財政部及外交部共同組成的中東歐三國經貿投資考察團搭乘專機啟程前往中東歐，依序在斯洛伐克、捷克及立陶宛進行訪問。此行強化臺灣簽署瞭解備忘錄（MOU）的實質行動力，並拜訪三國之科技政策擘劃最高機構，有助於開展雙邊科研合作新領域。

十一月

- **30 日**，行政院舉辦「臺灣運動 × 科技產業策略（SRB）會議」，凝聚各界共識，結合運動與科技，為民眾創造智慧生活的價值，打造臺灣運動 × 科技新兆元產業。

十二月

- **11 日**，科技界首次大會師支持女性，52 家科技組織聯合籌辦的「2021 女科技人大會」，在臺北及線上同步登場，以「科技女力進行式」為主題，邀請各領域的科技女性，共有超過 1100 人報名。科技部長吳政忠與次長林敏聰均出席本次大會。

- **28 日**，行政院組織改造法案業於經立法院三讀通過，科技部正式啟動組織調整，轉型為「國家科學及技術委員會」，以國家整體科技發展的高度，政策協調臺灣數位發展與產業創新，攜手數位發展部、經濟部、衛福部、農委會、文化部等，以跨部會、跨產學研之型態，引領臺灣軟體、硬體整合創新。

二〇二二

一月

- **20 日**，《太空發展法》及四項子法發布施行。

三月

- **7 日**，「2022Tech GiCS 女婕思記者會」舉辦啟動儀式，除競賽外，推出「TechGiCS 女婕思好科技」課程，以系列研習會，拓展女性科技人才對全球政經趨勢與決策視野的掌握。

六月

- **10 日～ 16 日**，吳政忠率領跨部會團隊前往美國，拜訪美國國家衛生研究院、國家癌症研究所、國家航空暨太空總署等單位，並敲定隔年舉行「臺美科技合作對話」會議的架構。並參與美國聖地牙哥舉辦全球最大規模生技商業展會 - 北美生物科技展「BIO International Convention」(BIO 2022)。

- **27 日**，「臺灣運動 x 科技行動計畫」（2022 年～ 2026 年），以 Sports Everywhere 為願景，提升頂尖運動選手的競技能力，擴大國人的運動風氣，進而帶動臺灣運動科技產業向上發展。

七月

- **27 日**，「國家科學及技術委員會」於科技大樓舉行揭牌及主任委員布達儀式，由吳政忠以政委身分兼任首任主委，並以跨部會協力、基礎卓越、創新創業、科學園區領航、女性培力、人社價值實踐、國際合作為重點發展方向。

九月

- **15 日**，行政院啟動「臺灣動物實驗三 R 跨部會協調平臺」，整合中研院、國科會、農委會、衛福部、環保署、教育部、經濟部之量能，擴大推動動物實驗替代方法，落實動物實驗的取代（Replacement）、減量（Reduction）、精緻化（Refinement）等三 R 原則。

十一月

- **1 日**，國科會宣布由中研院生醫所特聘研究員陳儀莊擔任副主委，成為國科會首位女性政務副主委。

- **15 日～ 25 日**，吳政忠率團至法國及德國參訪，拜會法國與德國重要科研機構，十天內見了四位部長，堪稱科技外交上的重大突破。

二〇二三

一月

- **6 日**，國家太空中心舉行揭牌典禮，過去隸屬於國研院的太空中心，改制為行政法人國家太空中心，成為國科會轄下第四個法人機構。

二月

- **21 日**，行政院核定「科學技術白皮書（2023 年至 2026 年）」，係以放眼全球的高度與前瞻性思維，全方位擘劃國家科技發展政策，以「前瞻創新、民主包容、韌性永續」作為臺灣邁向 2035 科技發展遠景，透過科技力量來驅動國家整體轉型。

三月

- 行政院核定「淨零科技方案（第一期 2023 年～2026 年）」，聚焦達成國家 2030 淨零政策目標所需之淨零科技基盤建置，透過五大領域整合推動，加速技術落地應用與導入前瞻科技研發。
- **6 日**，行政院舉辦「高齡科技產業策略（SRB）會議」，期以普惠科技之力，結合醫療照護之心，推動高齡科技產業發展，打造共融共創、健康樂活的銀髮世代。
- **21 日～22 日**，德國聯邦教育研究部（BMBF）部長史塔克－瓦特辛格（Bettina Stark-Watzinger）率團訪問臺灣，這是 1997 年以來首位訪臺的德國部長級官員。臺灣與德國並首度簽署「科學及技術合作協議」（STA），雙方將聚焦推動半導體、氫能、電池及人工智慧等領域的合作。
- **28 日**，臺灣半導體產業協會（TSIA）發表「臺灣 IC 設計產業政策白皮書」，提出總體面、人才面、營運環境面等六大政策建言，建議從府院層級建立 IC 設計業國家戰略，並制定完整的「臺灣晶片法案」。

四月

- **7 日**，行政院核定「臺灣 AI 行動計畫 2.0」（2023 年～2026 年），在前期臺灣 AI 行動計畫的基礎上，以「人才優化與擴增」、「技術深耕與產業發展」、「完善運作環境」、「提升國際影響力」、「回應人文社會議題」等五個主軸任務，帶動 AI 產業化及規模化，促成 AI 國力躍進。
- **27 日**，國科會啟動「推動可信任生成式 AI 發展先期計畫」。

五月

- **22 日**，首屆臺美科技合作對話（Science and Technology Cooperation Dialogue, STC-D）會議在臺北舉行，美國國務院首次率領國家科學基金會（NSF）、國家海洋暨大氣總署（NOAA）、國家衛生研究院癌症研究中心（NIH/NCI）等官員，與我方代表團針對半導體研究與應用、醫療供應鏈韌性、癌症研究、環境模擬研究、研究誠信及多元包容等 5 大議題進行深度交流。
- **31 日**，「臺灣淨零科技方案推動小組」正式掛牌，開展「永續及前瞻能源、低（減）碳、負碳、循環、人文社會科學」等五大淨零科技領域的研發部署。

十月

- **2 日**，國科會成立科技、民主與社會研究中心（Research Institute for Democracy, Society and Emerging Technology，DSET），是首個國家層級跨領域、跨世代、跨國界的智庫，由臺大社會系特聘教授陳東升擔任召集人，以提供跨領域政策建言、跨國界民主觀點、跨世代人才培育為主要任務，希望強化國家、社會、民眾生活與創新科技之間的連結。

十一月

- **6 日**，行政院核定「晶片驅動臺灣產業創新方案」（簡稱「晶創臺灣方案」），規劃十年計劃，運用我國半導體晶片製造與封測領先全球的優勢，結合生成式 AI 等關鍵技術發展創新應用。

- **29 日**，國科會與法國在台協會召開聯合記者會，宣布 23 日已完成臺法科學與技術合作協議（Science and Technology Cooperation Convention, STC）簽署，未來將聚焦於半導體與量子、健康、海洋、數位、網路安全及人工智慧等六大重點合作領域。

十二月

- **6 日**，「臺灣淨零科技方案推動小組」舉行「淨零生活與社會轉型之路—從公民提案到創新實踐」展示會暨論壇，展示本年度 14 組團體參與「公民團體創新示範與沙盒試驗」計畫的初步成果，鼓勵部會、企業與公民團體三方公私協力，落實淨零綠生活與公正轉型。

二〇二四

一月

- **10 日**，國科會舉辦「高齡科技產業行動計畫」啟動記者會，以普惠科技之力，結合醫療照護之心，發揮臺灣的科技實力，開創健康樂活的銀髮世代。

三月

- **9 日**，「臺灣女科技人學會」於國立成功大學舉辦「第四屆女科技人大會」，邀請學術、產業界領袖分享推動平權、女力培育、打造包容與共好職場環境等經驗，並探索女性在工作、家庭與公益之間的平衡之道。

四月

- **15 日**，「臺加科學技術及創新合作協議」（Science, Technology, Innovation Arrangement, STIA）在加拿大首都渥太華舉行簽署儀式，由國科會副主委陳儀莊代表參加，雙方並舉行首次臺加雙邊科技諮議會議，就人工智慧、半導體、生物技術等前瞻科技議題交換意見。

- **27 日**，國科會與教育部共同指導之第四屆「GiCS 尋找資安女婕思」，於臺南沙崙資安暨智慧科技研發大樓舉辦決賽，本屆共有 4,007 位高中職與大專校院女同學報名，累積四屆以來共有超過 1 萬人次的活動參與。

- **29 日～ 30 日**，首屆臺法科學研究會議於臺北舉行，法方由法國高等教育暨研究部（MESR）研究與創新總司長克萊兒·居希（Claire Giry）率領法國國家科學研究院（CNRS）、法國國家健康與醫學研究院（Inserm）、法國國家研究總署（ANR）等研究機構科研專家訪臺。

五月

- **3 日**，國科會舉辦「推動可信任生成式 AI 發展先期計畫—— TAIDE 計畫成果發表會」，邀請學研合作夥伴一同展示採用可信任生成式 AI 對話引擎（Trustworthy AI Dialogue Engine, TAIDE）所開發的多元應用成果。

- **7 日**，「晶創臺灣推動辦公室」於國科會舉行揭牌儀式，產官學研代表齊聚一堂，見證我國有史以來金額最高的國家級科研計畫啟動，期許我國半導體優勢結合生成式 AI 帶動全產業創新，打造臺灣未來 10 到 20 年的科技國力。

- **7 日～ 8 日**，李育杰率領 TAIDE 團隊參與美國華盛頓特區的「國家競爭力 AI 博覽會」（AI Expo for National Competitiveness），向國際間民主同盟夥伴展示 TAIDE 的特色與成果。

- **13 日**，臺灣與澳大利亞在澳大利亞首都坎培拉完成「臺澳科技合作協議」（Science and Technology Arrangement, STA）的簽署，雙方將聚焦在「資通訊科技製造」、「半導體科技與關鍵技術供應鏈韌性」、「生物科技」以及「淨零轉型」等四大重點領域進行合作。

九月

- **14 日**， 國科會舉辦「半導體創新暨產業新創高峰論壇」，並宣布「IC Taiwan Grand Challenge」全球徵案啟動，以 IC 設計、半導體相關應用為題，向全球科技人才發出英雄帖，盼藉由臺灣優勢產業資源吸引團隊提出在臺落地研發、商化布局構想，進而帶動我國百工百業發展。
- **19 日**，由美國新聞週刊《Newsweek》與知名統計資料網站 Statista 公布評選的「2025 年度頂尖智慧醫院」，臺灣排名全球第 13 名，共有臺中榮總、中國附醫、高雄長庚、高雄榮總、林口長庚、成大附醫、臺大醫院和臺北榮總等 8 間醫院入榜，其中臺中榮總首度躍居百大，排名全球第 99 名。

書　　名：地緣政治中經「疫」求新——解讀科技政策關鍵密碼
作　　者：沈勤譽
內容審訂：蕭景燈、葉至誠、林品安
文稿統籌：余懿瑩
責任編輯：陳怡甄
封面設計：FE 設計
內頁排版：可樂果兒
照片提供：國科會、達志
校　　對：蕭明珠
企　　劃：朱安棋
行銷企劃：江品潔
通路業務：黃唯瑄
印　　務：詹夏深

出 版 者：今周刊出版社股份有限公司
發 行 人：梁永煌
地　　址：台北市中山區南京東路一段 96 號 8 樓
電　　話：886-2-2581-6196
傳　　真：886-2-2531-6438
讀者專線：886-2-2581-6196 轉 1
劃撥帳號：19865054
戶　　名：今周刊出版社股份有限公司
網　　址：www.businesstoday.com.tw
總 經 銷：大和書報股份有限公司
製版印刷：科樂印刷股份有限公司
初版一刷：2024 年 12 月 5 日
定　　價：420 元
ISBN：978-626-7589-11-3

國家圖書館出版品預行編目資料

地緣政治中經「疫」求新：解讀科技政策關鍵密碼 / 沈勤譽著 . -- 初版 . -- 臺北市：今周刊出版社股份有限公司 , 2024.12
面；　公分
ISBN 978-626-7589-11-3(平裝)
1.CST: 產業政策 2.CST: 科學技術 3.CST: 臺灣
555.1　　113017533